CULTIVEZ L'OPTIMISME

Delphine Luginbuhl
Aurélie Pennel

CULTIVEZ L'OPTIMISME

EYROLLES

Groupe Eyrolles
61, bd Saint-Germain
75240 Paris Cedex 05
www.editions-eyrolles.com

Mise en pages : Istria
Illustrations : Shutterstock

ISBN : 978-2-212-56869-1

SOMMAIRE

« Un régal, cet ouvrage, il vous fera voir la vie autrement…
Avec le sourire en fait ! »

François Berléand

« La pensée positive est l'une des clés de la réussite.
Ce petit livre vous aidera à aller droit au but. »

Jean-Pierre Papin

INTRODUCTION

Ce lundi, comme bien souvent le lundi au retour de congés, je prends le RER tranquillement… Enfin, tranquillement, après avoir couru avec mon fils jusqu'à l'école, puis avoir sprinté jusqu'au quai pour attraper le train de 8 h 39 et arriver à l'heure à ma réunion. Oui, le 8 h 39, celui dont je découvre qu'il vient d'être annulé… Je trépigne et m'agace quand le train suivant arrive enfin. J'éprouve alors les plus grandes difficultés à monter dedans et, une fois que j'y suis parvenue, je me sens comme une sardine dans une boîte, promise à une promiscuité dérangeante auprès de mes compagnons d'infortune.

À cet instant, une onde de choc me traverse et, comme environ 90 % des usagers, je soupire, lève les yeux au ciel, ressasse la situation et râle !

Et puis *stop*, je suis en train de coécrire un ouvrage qui me passionne sur l'optimisme bienveillant, je ne peux continuer à râler et à ressasser des pensées négatives.

Je m'arrête, j'observe, j'écoute… et j'entends mes voisins se plaindre de la RATP, de la pluie, de leur travail, de la maîtresse, du gouvernement, du système scolaire, bref, de *tout* ! Mais pourquoi ?

Les Français ont une réputation de râleurs

Le Français (voire pire, le Parisien) a la réputation d'être râleur et pessimiste. S'agit-il là d'un *french bashing* gratuit ou du reflet de la réalité ?

De nombreuses études soulignent que cette représentation du Français râleur n'est pas que le fruit d'une imagination débordante, ancrée dans un inconscient collectif planétaire.

Ainsi, les touristes européens perçoivent les Français comme des êtres malpolis, arrogants, prétentieux et, surtout, râleurs[1].

Les Français eux-mêmes sont bien conscients que le sport national qui consiste à « râler » est une discipline dans laquelle se distingue la nation au grand complet. En effet, 93 % des personnes interrogées déclarent que les Français râlent souvent ou très souvent[2].

Parmi les grands « râleurs » du monde entier, la France se retrouve sur la plus haute marche du podium, avec 72 % des voix.

Un petit clin d'œil à la gent féminine

> **En analysant les résultats de cette étude, nous avons obtenu une petite satisfaction personnelle : pour les sondés, ce sont les personnes âgées, les hommes, puis les jeunes qui râlent le plus.**
>
> **Les femmes n'arrivent qu'en quatrième position.**

À la question « Pourquoi râlez-vous ? », les réponses suivantes sont éloquentes :

- « Il faut râler dans la vie sinon on se laisse marcher dessus. »
- « C'est dans mon tempérament. »
- « Ça me fait du bien/ça me détend. »

Si vous vous reconnaissez dans une ou plusieurs de ces réponses, ce livre devrait vous ouvrir de nouvelles perspectives…

1. Étude Travelzoo (2014).

2. Étude Opinionway (mai 2010) réalisée pour la MAAF auprès de 1 005 personnes de plus de 18 ans, représentatives de la population française.

Un contexte propice au pessimisme

En bons cocardiers que nous sommes, l'envie est forte de justifier nos comportements en arguant que les Français, eux, sont réalistes et que la situation actuelle en France est peu propice à l'optimisme.

Nous sommes confrontés à des situations que nous aurions préféré éviter : pollution, crise économique, paupérisation de la société, attentats…

Quand bien même souhaiterions-nous ne pas demeurer focalisés sur ce type d'informations qu'il serait impossible d'y échapper tant les médias relaient toujours plus d'informations négatives. En effet, cela fait davantage le buzz que celles qui portent sur les bonnes actions du quotidien et les bonnes nouvelles. Les médias ont donc un rôle prépondérant quand il s'agit d'entretenir la morosité ambiante.

Cependant, il en va de même dans d'autres pays, et force est de constater que c'est pourtant la France qui conserve la palme du pessimisme.

La France, championne du pessimisme

Le moral des Français est au plus bas depuis plusieurs décennies, avec seulement 29 % d'optimistes[3].

La France, avec une vision de l'avenir empreinte de défiance[4], est la deuxième nation la plus pessimiste du monde. Les Français ne sont que 43 % à se déclarer « heureux » ou « très heureux », contre une moyenne de 70 % dans l'ensemble des pays étudiés.

3. Sondage Ifop (2014).

4. Étude annuelle de BVA-WIN (2014) : baromètre international de la confiance en l'avenir réalisé auprès de plus de 40 000 personnes de 65 nationalités.

Cette tendance se répète chaque année : les Français demeurent parmi les plus pessimistes, souvent beaucoup plus que les citoyens de pays dont le contexte socio-économique est bien moins favorable, voire au sein desquels les conflits font rage (Irak, Niger…).

Ces champions du pessimisme le sont tout autant en ce qui concerne la consommation de psychotropes (antidépresseurs, anxiolytiques, etc.) et le chiffre d'affaires issu de la vente d'antidépresseurs a été multiplié par 6,7 entre 1980 et 2001[5]. La dépression et le *burn out* sont d'ailleurs devenus des phénomènes de société.

Le déclin du sentiment de bonheur en France n'est pas une fatalité ; nous sommes convaincues que l'optimisme bienveillant est une des clefs qui peut permettre d'inverser cette tendance.

Le cheminement, parfois long et difficile, vers le bonheur se doit d'être réalisé individuellement et collectivement. Ensemble, apportons notre pierre à l'édifice d'un bien-être partagé : rejoignons les rangs des optimistes bienveillants !

C'est ce que nous vous proposons dans cet ouvrage qui, nous l'espérons, sera pour vous un compagnon de route, un allié précieux que vous déciderez de rouvrir de temps à autre.

Le premier volet nous permet de faire un tour d'horizon de la théorie qui existe sur le sujet, notamment issue des enseignements de la psychologie positive, tout en l'agrémentant d'anecdotes piochées dans nos vies personnelles et professionnelles. Puis, nous nous attachons à démontrer tout ce que l'optimisme peut vous apporter, à vous et à ceux qui vous entourent. Enfin, dans un troisième volet, nous vous proposons des exercices simples et pratiques, qui vous permettront de cultiver l'optimisme et la bienveillance dans votre vie quotidienne.

5. Élise Amar et Didier Balsan, « Les ventes d'antidépresseurs entre 1980 et 2001 », *Études et résultats*, n° 285, Drees, janvier 2004.

PARTIE 1

LES VERTUS DE L'OPTIMISME

Si le terme « optimisme » fait partie du langage courant, nous avons tous notre propre interprétation de ce qu'il signifie. C'est pourquoi il nous semble indispensable de clarifier la définition que nous en retenons dans cet ouvrage.

Cela implique tout d'abord de décortiquer des dizaines de définitions, toutes valables, bien que différentes. En effet, de la sagesse populaire aux ouvrages qui existent sur le sujet, tout le monde y va de sa définition personnelle de l'optimisme, et toutes peuvent se justifier.

Nous nous intéresserons ensuite à la vision de l'optimisme tel que le caractérise la psychologie positive, et nous arrêterons sur ce qu'il n'est pas, car cette notion est trop souvent galvaudée.

Nous verrons également que la bienveillance constitue une qualité intrinsèque que l'optimiste s'évertue à cultiver, tant pour lui-même que pour les autres.

Enfin, nous expliciterons les vertus de l'optimisme sur trois domaines clés de l'épanouissement personnel que sont la santé, la performance et le bien-être.

Dans cette partie, vous trouverez non seulement de la théorie, mais également des anecdotes du quotidien et des premiers leviers pour développer l'optimisme.

CHAPITRE 1

TOUR D'HORIZON DE L'OPTIMISME

« *Tourne-toi vers le soleil et l'ombre sera derrière toi.* »

Proverbe maori

Au programme

- **Sagesse populaire, définition officielle et citations illustres**
- **Quand la psychologie positive définit l'optimisme**
- **Ce que n'est pas l'optimiste**
- **En résumé, l'optimisme est une façon de voir le monde**

Sagesse populaire, définition officielle et citations illustres

Si vous interrogez des gens dans la rue sur ce qu'est l'optimisme, les réponses refléteront une attitude positive et enthousiaste, un état d'esprit où tout est possible, voire une authentique joie de vivre.

C'est d'ailleurs ce que traduisent les nombreuses expressions que nous utilisons au quotidien pour évoquer cet état d'esprit : « voir le verre à moitié plein », « il n'y a pas de tant pis sans tant mieux », « à quelque chose malheur est bon », « après la pluie, le beau temps », etc.

En consultant le Larousse pour obtenir une définition « officielle », nous constatons combien cette dernière est proche de la représentation collective que nous avons de l'optimisme : « Doctrine philosophique d'après laquelle le monde est bon et le bien tient plus de place que le mal. Disposition d'esprit qui incline à prendre les choses du bon côté. Confiance dans l'issue favorable d'une situation. »

Une visite chez le dentiste

Élodie était une jeune dentiste fraîchement diplômée qui souhaitait ouvrir un cabinet à proximité de la ville dans laquelle elle résidait avec son conjoint. Seulement, la région hébergeait déjà beaucoup de praticiens.

Alors qu'Élodie aurait pu se dire qu'il n'y avait pas de place pour un nouveau cabinet sur un marché déjà saturé, elle préféra penser que, s'il y avait déjà beaucoup de cabinets, c'est qu'il y avait de la demande !

Aujourd'hui, Élodie s'est constitué une clientèle régulière et son cabinet prospère.

De nombreuses personnalités ont également contribué à la définition du terme par des citations intéressantes qui nous frappent, nous inspirent et, parfois, nous amusent.

Pour commencer, faisons un petit détour de l'autre côté de la Manche, avec Winston Churchill, réputé pour son optimisme : « Un pessimiste voit la difficulté dans chaque opportunité, un optimiste voit l'opportunité dans chaque difficulté. »

Nous pouvons aussi nous intéresser à l'historien et homme politique français du XIXe siècle François Guizot qui propose une définition qui complète celle de Churchill : en disant que « le monde appartient aux optimistes, les pessimistes ne sont que des spectateurs », il considère que, non seulement l'optimiste voit les opportunités, mais en plus il sait les saisir pour passer à l'action.

Quand la psychologie positive définit l'optimisme

À la fin du XXe siècle, environ 5 % des études dans le domaine de la psychologie portent sur le positif (épanouissement, bonheur), tandis que 95 % s'intéressent au négatif (dépression, troubles psychologiques)[6]. Ainsi, on traite les dépressifs pour qu'ils cessent de l'être, mais pas pour qu'ils deviennent heureux : alors qu'ils sont au niveau – 5 du bonheur, on vise à les faire passer au niveau 0.

En 1998, Martin Seligman, alors président de l'Association américaine de psychologie, annonce : « Nous ne devons pas seulement guérir des malades. Notre mission est plus large : nous devons tenter d'améliorer la vie de tous les individus. » Ainsi naît la psychologie positive, qui traite évidemment beaucoup de l'optimisme… et ne vise donc pas le niveau 0 du bonheur, mais le niveau + 5 !

Les trois critères qui définissent l'optimisme

Martin Seligman définit l'optimisme selon trois critères, que nous allons détailler et illustrer à travers l'exemple concret de Martin et Olivier.

1er critère : interne/externe

Lorsqu'il est confronté à un événement positif, l'optimiste a tendance à s'en attribuer le mérite (*cause interne*). En revanche, il pense exactement l'inverse dès lors qu'il s'agit d'événements difficiles (*cause externe*).

6. Shawn Achor, *Comment devenir un optimiste contagieux*, Belfond, 2012.

Martin et Olivier sont en recherche d'emploi depuis quelques mois. Ils sont tous les deux candidats sur un poste et passent avec succès deux premiers entretiens. Ils ne sont plus que trois candidats en lice au moment du dernier entretien. À la suite de celui-ci, Martin et Olivier apprennent que leur candidature n'est pas retenue.

Martin est plutôt pessimiste. Il pense : « Pas étonnant qu'ils ne m'aient pas pris, j'ai vraiment été mauvais lors du dernier entretien. »

Olivier est plutôt optimiste. Il pense : « Il y avait sans doute un candidat avec un meilleur CV pour ce poste… ou alors quelqu'un a été parachuté grâce à un piston, ça arrive parfois ! »

2e critère : permanent/temporaire

Lorsqu'il est confronté à un événement positif, l'optimiste a tendance à penser que ses effets seront *permanents*. En revanche, confronté à un événement difficile, il pense que ses effets seront *temporaires*.

Ainsi, Martin aura tendance à penser : « Je ne suis vraiment pas au niveau et les recruteurs le sentent bien. Je n'arriverai jamais à décrocher un emploi qui me plaise… »

Tandis qu'Olivier pensera plutôt : « C'est dommage, car ce poste me plaisait, mais ça ne se passera pas toujours comme ça… La prochaine fois sera sans doute la bonne ! »

3e critère : général/spécifique

Lorsqu'il est confronté à un événement positif, l'optimiste a tendance à penser que ses effets vont s'étendre aux autres aspects de sa vie (*général*). En revanche, confronté à un événement difficile, il pense qu'il est *spécifique* à une situation donnée.

Ainsi, Martin aura tendance à penser : « Je suis incapable de trouver un travail… À tous les coups, Amélie va trouver que je suis un raté et elle va me quitter. »

Tandis qu'Olivier pensera plutôt : « Certes, je n'ai pas décroché ce boulot, mais au moins je suis heureux en amour ! »

À retenir

> **Lorsqu'il est confronté à un événement positif, l'optimiste s'en attribue le mérite (*interne*), pense que ses effets sont *permanents* et vont s'étendre aux autres aspects de sa vie (*général*). En revanche, il pense exactement l'inverse des événements difficiles : ils ont une cause *externe*, sont *passagers* et *spécifiques* à une situation particulière.**

Si notre pessimiste de Martin décroche finalement l'emploi qu'il convoite, il se dira sans doute : « Ils ont dû m'embaucher parce qu'il n'y avait pas d'autre candidat. Pourvu que je ne les déçoive pas avant la fin de la période d'essai… Et puis, ça n'est pas tout d'avoir décroché un boulot, je sens que je vais avoir du mal à trouver un logement correct à proximité. »

Tandis que notre optimiste d'Olivier se dira : « J'ai décroché cet emploi parce que je suis compétent ! Ils ne regretteront pas de m'avoir fait confiance, je sens que je vais me plaire dans cette entreprise… Je n'ai plus qu'à trouver un appartement sympa à proximité, ce qui ne devrait pas être bien compliqué. »

Un optimisme protéiforme

Dans son livre intitulé *Comment être heureux et le rester*, Sonja Lyubomirsky (directrice du laboratoire de psychologie positive à l'Université de Californie) distingue trois formes d'optimisme :

1. *l'optimisme minimal* qui consiste à penser que la vie est faite de hauts et de bas mais que l'on finit toujours par s'en sortir ;
2. *l'optimisme faible* qui incite à un comportement constructif dans une situation donnée (par exemple lorsque l'on postule pour un emploi) ;
3. *l'optimisme fort* qui engendre un sentiment plus général (on se sent fort, plein d'énergie, capable d'accomplir ce que l'on

souhaite. Comme les Anglais le disent de manière imagée : « The sky is the limit »).

Telle mère, telles filles ?

Marie a 45 ans, elle a deux filles : toutes trois ont un caractère très différent et incarnent chacune une forme d'optimisme.

Alors qu'une infortune frappe cette famille avec la perte d'emploi du père, Marie se morfond : « Comment va-t-on y arriver avec mon seul salaire ? C'est une catastrophe, je crains le pire, dire que nous n'avons pas fini de payer les traites de la maison... Enfin, c'est toujours très compliqué pour nous, il nous arrive toujours des tuiles mais à la fin, on s'en sort toujours. »

Ce à quoi l'aînée répond que toute la famille va s'y mettre pour repérer les annonces intéressantes, refaire un curriculum vitae et des lettres de motivation...

Et la cadette s'embrase en voyant une opportunité pour son père de gagner plus d'argent et de faire autre chose car il commençait à se lasser !

Vous l'aurez compris de vous-même : dans cette famille, les trois formes de l'optimisme sont représentées.

Où vous situez-vous aujourd'hui ? Et quel est votre objectif ?

Si vous lisez cet ouvrage, il est probable que vous souhaitiez développer votre optimisme. Nous allons vous accompagner sur ce chemin et vous donner des clefs qui vous permettront d'atteindre votre objectif… et, qui sait, de le dépasser ?

Ce que n'est pas l'optimiste

Pour compléter la définition de l'optimiste et éviter les erreurs d'interprétation, nous vous proposons de réfléchir également à ce qu'il n'est pas.

L'optimiste n'est pas une personnalité narcissique

Dans la définition de la psychologie positive, il ne faut pas perdre de vue que, si l'optimiste associe les événements favorables à des facteurs qui lui sont propres, il ne s'en attribue pas pour autant le mérite exclusif, au détriment des contributions extérieures.

Une telle approche n'apporterait rien de bon, ni pour l'individu, ni pour la société.

Un barreur un peu trop sûr de lui

Stéphane est le barreur d'un équipage d'aviron. Sa fonction principale est de diriger le bateau et de motiver les rameurs.

À l'issue d'une compétition acharnée, l'équipage remporte la victoire. Stéphane est tellement sûr de lui qu'il s'exalte un peu trop et semble s'attribuer tout le mérite de la victoire.

Le mois suivant, il aborde une nouvelle compétition, convaincu qu'il va renouveler « son » exploit. Quelle déception lorsque l'équipage n'arrive qu'à la quatrième place !

Démotivés, les rameurs n'ont pas donné le meilleur d'eux-mêmes. Si Stéphane avait valorisé sincèrement l'équipage au complet (sans pour autant sous-estimer sa propre contribution), l'équipe aurait certainement obtenu un meilleur résultat.

Il nous semble donc essentiel que l'optimisme demeure bienveillant, comme nous le verrons au chapitre suivant.

L'optimiste n'est pas quelqu'un qui ne se remet jamais en question

Si l'optimiste associe les événements négatifs à des facteurs externes, cela ne l'empêche pas d'assumer ses échecs et de chercher à s'améliorer.

Il ne s'agit donc pas de faire la politique de l'autruche, mais de savoir accepter l'erreur (de soi-même ou des autres), avec indulgence, de telle sorte que la persévérance ne vire pas à l'obstination.

Une citation inspirante de Nelson Mandela peut ici nous donner à réfléchir. Rappelons que ce dernier, pendant vingt-cinq années d'emprisonnement, aurait eu toutes les excuses pour perdre espoir : « *I never lose. I either win or learn. I am fundamentally an optimist*[7]. »

Mandela illustre ici un des piliers de l'optimisme : ne pas voir l'échec comme une fin, mais accepter de se remettre en question pour en tirer des enseignements qui nous permettront de faire mieux la fois suivante.

L'optimiste ne vit pas dans le déni

Être optimiste n'est pas une injonction et ne signifie surtout pas qu'il faut refuser les émotions négatives : il est normal de se sentir parfois envahi par des pensées pessimistes, par des impressions ou des sentiments négatifs.

Être optimiste, c'est aussi s'accorder le droit d'être triste et accueillir toutes ses émotions afin d'éviter d'adopter un « optimisme de façade » décrit par Alain Braconnier[8] comme une « digue psychique plus ou moins consciente pour se défendre contre le pessimisme ». En effet, cette digue, qui risque de céder un jour, sert souvent à cacher un pessimisme profond : ne confondons pas « faire face » et « faire semblant ».

7. « Je ne perds jamais. Soit je gagne, soit j'apprends. Je suis fondamentalement optimiste. »

8. Alain Braconnier, *Optimiste*, Odile Jacob, 2013.

L'optimiste n'est pas un disciple de Pangloss

> *Candide ou l'Optimisme* est un conte philosophique de Voltaire. Pangloss y est le précepteur de Candide, professeur de « métaphysico-théologo-cosmogo-nigologie » et philosophe optimiste un peu niais. Modèle de Candide tant que celui-ci n'a pas été confronté à la vraie vie, il répète sans cesse que « tout est pour le mieux dans le meilleur des mondes possibles »... et cela, même lorsqu'il n'y croit plus lui-même.

Émile Coué a inventé une méthode qui vise à soigner des troubles psychiques par l'autosuggestion. En substance, la « méthode Coué » consiste à envoyer à notre subconscient des pensées positives, en pariant sur le fait qu'elles deviendront ainsi réalité.

Nul doute que cette méthode, pourtant souvent dévoyée ou caricaturée, peut se révéler très efficace, dès lors qu'on l'utilise « raisonnablement ». À l'excès, elle peut conduire au déni pur et simple.

Si vous courez un semi-marathon et que vous doutez de vous pendant la course sur les derniers kilomètres ou pendant l'entraînement, l'autosuggestion peut vous aider ; en revanche, si vous n'avez jamais enfilé de baskets de votre vie, n'imaginez pas que l'autosuggestion vous permettra de finir en tête du marathon qui a lieu demain...

L'optimiste pourra donc utiliser la « méthode Coué » à bon escient, mais elle ne constitue pas selon nous la clef de voûte d'un optimisme stable et durable.

À retenir

> **Être optimiste, ça n'est pas être trop sûr de soi au point de s'attribuer tout le mérite des réussites collectives, ni refuser de se remettre en question, ni faire la politique de l'autruche face à un événement négatif.**
>
> **Attention à ne pas confondre l'optimisme avec la vision caricaturale que l'on en donne parfois !**

En résumé, l'optimisme est une façon de voir le monde

Les optimistes s'entendent souvent dire qu'ils sont naïfs et que mieux vaut voir les choses telles qu'elles sont vraiment.

Pourtant, ce que les choses sont « vraiment » est une notion très subjective !

Le hold-up

> Imaginons que, samedi matin, vous ayez hésité à aller faire le marché… et ayez finalement décidé de passer à la banque signer quelques papiers. Tandis que vous attendez dans la salle d'attente, un homme cagoulé fait irruption avec une arme, dans l'intention de réaliser un hold-up. Assez vite, il panique et tire un coup de revolver ; vous recevez la balle dans le bras. L'homme s'enfuit alors et il est capturé par la police.
>
> Question : estimez-vous que vous avez eu de la chance, ou pas ?
>
> Lorsque l'on pose cette question à une assemblée, il est amusant de voir qu'il n'y a pas une réponse qui l'emporte sur l'autre. Certains s'estiment chanceux de s'en sortir avec une blessure superficielle et une histoire originale à raconter, tandis que d'autres s'estiment malchanceux de ne pas avoir choisi d'aller plutôt faire le marché et d'avoir reçu dans le bras la seule balle qui ait été tirée.

Être optimiste, c'est une façon de voir le monde qui nous encourage à ne pas ignorer les problèmes, mais à ne pas nous y complaire non plus !

En effet, qu'ils soient positifs ou négatifs, nous n'avons pas toujours la main sur les événements auxquels nous sommes confrontés… En revanche, nous sommes toujours libres de choisir la façon dont nous y réagissons.

L'ESSENTIEL DE CE CHAPITRE

- **L'optimisme est une disposition d'esprit qui incite à prendre les choses du bon côté. En voyant les opportunités plutôt que les difficultés, l'optimiste sait se saisir des bonnes occasions pour passer à l'action.**
- **Lorsqu'il est confronté à un événement positif, l'optimiste a tendance à s'en attribuer le mérite et à penser que ses effets sont permanents et vont s'étendre aux autres aspects de sa vie. En revanche, il pense exactement l'inverse des événements difficiles : ils ont une cause externe, sont passagers et localisés.**
- **Il existe trois formes d'optimisme : l'optimisme minimal (qui consiste à penser que la vie est faite de hauts et de bas mais que l'on finit toujours par s'en sortir), l'optimisme faible (qui incite à un comportement constructif dans une situation donnée) et l'optimisme fort (qui engendre un sentiment plus général : on se sent capable de tout).**
- **Attention à ne pas avoir une vision caricaturale de l'optimisme : il ne s'agit pas de faire la politique de l'autruche lorsque ça va mal, de refuser de se remettre en question ou d'être imbu de soi-même.**
- **Être optimiste, c'est avant tout une façon de voir le monde qui nous encourage à nous focaliser sur les opportunités, sans ignorer les difficultés mais en affrontant les problèmes de manière constructive.**

CHAPITRE 2

L'OPTIMISME SE DOIT D'ÊTRE BIENVEILLANT

« La bonté de l'homme est une flamme qu'on peut cacher mais qu'on ne peut jamais éteindre. »

Nelson Mandela

Au programme

- Pourquoi optimisme et bienveillance sont indissociables
- L'optimisme bienveillant envers soi-même
- L'optimisme bienveillant envers les autres

Pourquoi optimisme et bienveillance sont indissociables

La bienveillance est une disposition d'esprit incitant à la compréhension et à l'indulgence envers autrui.

À travers les époques et les cultures, Bouddha, Gandhi, Jean-Jacques Rousseau, Nelson Mandela en sont quelques-uns des plus célèbres partisans.

Optimisme et puissance

> Les hommes puissants sont souvent de très bons orateurs, avec une grande confiance en eux qui leur permet de se sortir de bon nombre de situations problématiques.
>
> Habitués à régner en maîtres sur leurs collaborateurs et à définir les règles du jeu, ils ont parfois le travers de se croire invincibles et supérieurs.
>
> Le nombre de scandales qui agitent depuis quelque temps la classe politique française montre ce qu'il advient lorsqu'ils poussent le bouchon un peu loin...

Un optimiste qui serait dénué de bienveillance risquerait fortement de sombrer dans l'égocentrisme : persuadé que tout lui réussit et que tout lui est dû, il ne réalise pas forcément les dégâts qu'il fait autour de lui.

Or notre propos n'est certainement pas de prôner l'égoïsme comme moteur de l'épanouissement !

Ainsi, la bienveillance est une précieuse corde de rappel pour éviter de tomber dans les travers d'un optimisme excessif, voire une composante intrinsèque de l'optimisme.

L'optimisme bienveillant envers soi-même

Comme le dit l'adage populaire : « charité bien ordonnée commence par soi-même »... Commençons donc par là.

Qui n'a jamais entendu une petite voix intérieure lui murmurer : « Tu n'es pas assez compétent pour y arriver. Comment as-tu pu être aussi bête ? Tu ne mérites pas cette chance. Impossible ! Tu n'y arriveras jamais... » ?

S'il est tout à fait normal que nous portions parfois sur nous-même des jugements négatifs et tranchants, il est important de savoir revenir à une attitude bienveillante : nous allons voir que l'alliance de l'optimisme et de l'autobienveillance produit un socle solide pour se construire une personnalité épanouie.

Croire en ses propres capacités

À capacités égales, une personne qui a confiance en elle obtiendra de meilleurs résultats que celle qui en manque.

L'optimiste bienveillant sait identifier ses points forts et les utiliser au mieux. Il a également conscience de ses faiblesses, mais il ne les perçoit pas comme des obstacles infranchissables : soit il s'en accommode, soit il se donne les moyens d'y remédier.

Croire en soi pour progresser

Christophe, 44 ans, est dirigeant dans une grande entreprise. Ses fonctions l'amènent régulièrement à prendre la parole devant de grandes assemblées.

À la suite d'une intervention, un de ses homologues lui fait remarquer un peu sèchement qu'il a tendance à occuper un temps de parole excessif par rapport aux autres intervenants.

Christophe encaisse le coup. Il est conscient de disposer d'un réel talent d'orateur et a toujours vu cela comme une force… Plutôt que de se vexer, il se remet en question.

Il réalise alors qu'il a tendance à se laisser emporter dans des digressions parfois un peu longues. Pour pallier cette faiblesse, il décide de répéter ses interventions à venir en les chronométrant. Il va même jusqu'à s'enregistrer, technique qui présente de multiples avantages : il peut, effectivement, se chronométrer et donc se faire une juste estimation du temps de parole qui sera à la fois efficace et convaincant sans être fastidieux parce que trop long. Il peut aussi repérer ses tics de langage afin de les éliminer ou, du moins, de les réduire. C'est un excellent entraînement à une autocritique positive et fertile puisqu'elle permet de s'améliorer et de comprendre comment les autres nous perçoivent.

Ce témoignage nous rappelle les paroles de Thomas Jefferson, l'un des Pères fondateurs de la démocratie américaine et troisième président américain : « Je crois beaucoup en la chance ; et je constate que plus je travaille, plus la chance me sourit. »

S'octroyer le droit à l'erreur

Le développement de l'individualisme dans nos sociétés modernes incite l'individu à prendre pleinement le contrôle de sa vie. Ceci a un effet secondaire : chacun finit par se percevoir comme seul et unique responsable de ses problèmes… et donc par se faire une montagne de tout échec personnel.

Or il est bien connu que seul celui qui ne fait rien ne commet pas d'erreur.

Accepter l'éventualité que l'on puisse se tromper permet de s'ouvrir un large champ de possibilités d'action. L'individu peut alors prendre des risques calculés, après avoir évalué les différentes conséquences possibles de ses décisions.

Et lorsqu'il se retrouve confronté à un échec, au lieu de se lamenter en pensant qu'il n'est qu'un « bon à rien », il réfléchit aux leçons qu'il peut en tirer, pour faire en sorte que sa prochaine tentative se solde par un succès.

Ainsi, Thomas Edison, homme d'affaires américain inventeur du phonographe et de l'ampoule électrique à incandescence, explique qu'il a recommencé dix mille fois son expérience avant de produire sa première ampoule en 1879, avec cette phrase : « Je n'ai pas échoué. J'ai seulement trouvé dix mille moyens qui ne fonctionnent pas. » Il ajoute d'ailleurs : « Beaucoup d'échecs de la vie sont dus aux gens qui ne réalisent pas à quel point ils étaient près du succès au moment même où ils ont abandonné. »

Un bel exemple de sérendipité

La sérendipité est l'art de trouver ce que l'on ne cherchait pas.

C'est ainsi qu'un Américain, qui cherchait à élaborer une colle extra-forte, a mis au point un produit qui ne permettait pas une fixation robuste. Quelques années plus tard, cette erreur a été utilisée par un de ses collègues pour créer le célèbre Post-it.

S'aimer comme on est

« Nul n'est parfait »… Certes. Pour autant, il n'est pas forcément agréable de se confronter à ses propres imperfections.

Les messages que nous avons reçus pendant notre enfance façonnent pour beaucoup le rapport que nous avons à nous-même. Certains ont la chance d'avoir été valorisés par leurs parents, leur famille, leurs amis, leurs professeurs…, d'autres pas. Certains ont appris très tôt à résister aux sarcasmes de frères et sœurs taquins, tandis que, pour d'autres, il s'agit là de souvenirs douloureux.

Une fois adultes, nous sommes responsables de ce que nous sommes. On peut en vouloir toute sa vie à un père qui nous a souvent répété qu'on était idiot, à une mère qui nous a trop vite rangé dans la catégorie des « pas dégourdis » ou à un frère qui nous a seriné pendant toute notre adolescence que l'on était « trop grosse »… Mais il est nettement plus constructif d'apprendre à s'aimer soi-même tel que l'on est.

Nous verrons dans le chapitre 3 comment la pratique de l'optimisme bienveillant permet de s'apprécier et d'utiliser ses forces pour vivre une vie plus épanouie.

Savoir lâcher prise

Convaincu qu'il a la main sur la plupart des événements auxquels il est confronté, l'optimiste est plus enclin que les autres à tenir bon et à se battre pour arriver à ses fins.

Pour autant, il est important d'être capable de lâcher prise lorsque l'acharnement est contre-productif et risque de nous conduire à l'épuisement, ou pire…

Être bienveillant envers soi-même, c'est aussi accepter que, parfois, malgré tous les efforts déployés, on ne peut pas atteindre l'objectif que l'on s'est fixé... ou que le coût pour y parvenir serait tellement élevé qu'il est préférable d'y renoncer.

L'optimiste est ainsi celui qui est capable de jongler habilement entre persévérance et lâcher-prise selon le contexte, comme le préconisait Marc Aurèle[9] : « Que la force me soit donnée de supporter ce qui ne peut être changé, le courage de changer ce qui peut l'être mais aussi la sagesse de distinguer l'un de l'autre. »

« Distinguer l'un de l'autre » n'est pas toujours aisé, par manque de recul émotionnel sur les situations. Il est parfois plus facile de continuer à se bercer d'illusions et à s'obstiner dans une voie que d'accepter de renoncer.

Un père investi

Quentin a toujours été un enfant vif et joyeux, plus intéressé par les copains que par les cours de math. Sa scolarité s'est déroulée sans accrocs jusqu'au collège. Mais depuis la quatrième, ses notes baissent d'année en année, tandis que ses professeurs se plaignent de plus en plus d'un manque de travail flagrant.

À l'entrée au lycée de son fils, Antoine est très préoccupé. Il essaye différentes méthodes (discussion pour trouver ce qui pourrait intéresser Quentin, motivation par l'argent de poche, punition, cours particuliers, coaching pour adolescents...), mais rien n'y fait : Quentin n'a aucune idée de ce qu'il souhaite faire plus tard, refuse de s'investir dans son travail scolaire et sèche souvent les cours. Plus Antoine insiste, plus Quentin se désinvestit : non seulement sa situation scolaire ne s'améliore pas, mais en plus, la relation père-fils se détériore rapidement.

Alors que Quentin achève son année de première avec un bulletin catastrophique, Antoine réalise qu'il s'use la santé depuis plusieurs années, sans aucun résultat. Plutôt que de punir son fils, il lui tient calmement les propos suivants : « Je pense avoir fait de mon mieux pour te fournir de bonnes conditions de travail depuis des années. Mais tu n'es plus un enfant et tu as le droit de choisir ce que tu souhaites faire de ta vie. Aujourd'hui, tu ne souhaites pas travailler suffisamment pour faire des études, cela m'attriste et m'inquiète pour ton avenir, mais je respecte ton choix. »

9. Empereur romain et philosophe stoïcien.

Savoir lâcher prise, c'est accepter de passer à autre chose, sans culpabiliser.

Les bénéfices sont parfois immédiats, parfois à plus long terme… Qui n'a jamais entendu parler de parents qui, après des années passées à essayer différents traitements pour concevoir un enfant, finissent par y parvenir juste après avoir arrêté tout recours thérapeutiques et s'être décidé à adopter ?

Au quotidien, commencez par vous entraîner à lâcher prise sur de petites choses. Ainsi, vous serez mieux préparé lorsque vous vous trouverez dans des situations où l'enjeu sera élevé.

Quand lâcher prise est une question de survie

Dans certaines contrées, il est courant de capturer les singes en utilisant leur gourmandise et leur obstination. Pour cela, le chasseur dépose une orange à l'intérieur d'un panier solidement attaché à un arbre et disposant seulement d'une petite ouverture. Le singe, qui raffole des fruits sucrés, introduit sa main dans le panier pour attraper le fruit. La taille de l'ouverture ne permet pas à l'animal de ressortir sa main avec l'orange.

Incapable de renoncer à son butin, le singe reste prisonnier.

Relativiser les épreuves

Dans *L'Intelligence émotionnelle*[10], Daniel Goleman définit l'optimisme comme « une attitude pare-chocs qui empêche de verser dans l'apathie, la perte d'espoir et la dépression face aux difficultés ».

En effet, quel que soit l'optimisme dont nous faisons preuve, il nous arrivera toujours, au cours de notre vie, d'être confrontés à de fortes difficultés, tensions ou crises.

Face à ces situations, il convient de ne pas se laisser aller au désespoir et de garder une posture constructive.

10. Robert Laffont, 2006.

Comme le dit fort bien une devise Shadok : « S'il n'y a pas de solution, c'est qu'il n'y a pas de problème. » L'optimiste bienveillant sait qu'il finira toujours par trouver une solution, comme nous le verrons plus loin dans ce livre.

Un peu d'humour : la théorie du « foutu pour foutu »

Un jour où Aurélie, débordée par sa quantité de travail, ne parvenait plus à relativiser et annonçait que, même en sautant le déjeuner, elle n'arriverait pas à accomplir tout ce qu'elle devait faire d'ici le soir, Delphine lui lança : « Foutu pour foutu, et si on se faisait un petit restau ?! »

Avec un rire nerveux, Aurélie accepta.

Le déjeuner fut une bouffée de complicité et de rires. Cela permit à Aurélie de relativiser ses soucis et son après-midi se passa nettement mieux que prévu.

Depuis, le « foutu pour foutu » est devenu leur leitmotiv dès lors que l'une d'elles se sent tendue.

À retenir

L'optimiste doit être bienveillant envers lui-même : il a foi en sa propre valeur, s'octroie le droit d'être imparfait et de commettre des erreurs, sait quand il faut persévérer et quand il est préférable de renoncer... tout en gardant confiance en l'avenir !

L'optimisme bienveillant envers les autres

L'une des répliques les plus connues du théâtre français nous vient de Jean-Paul Sartre, dans sa pièce *Huis Clos* : « L'enfer, c'est les autres. » Sans nous lancer dans une longue discussion philosophique, nous nous contenterons d'affirmer ici que nous ne partageons pas cette opinion !

En effet, nous sommes tous des êtres sociaux, incapables d'être heureux sans nos semblables. Vous rappelez-vous la dernière fois que vous avez eu un fou rire ou que vous vous êtes senti profondément bien ? Il y a fort à parier que vous n'étiez pas seul.

La neurobiologie montre d'ailleurs que le cerveau humain comporte des zones de la récompense qui sont activées lorsque nous sommes coopératifs ou généreux.

Pour commencer, il convient tout simplement d'adopter auprès des autres les postures que nous venons de voir pour nous-même.

Croire aux capacités des autres et en leur potentiel d'amélioration : l'effet Pygmalion

L'effet Pygmalion (ou effet Rosenthal & Jacobson, du nom des psychologues américains qui l'ont mis en évidence) désigne l'amélioration constatée sur les performances d'une personne du simple fait que son environnement ou une source d'autorité lui accorde sa confiance. Dit autrement, le simple fait de croire en la réussite de quelqu'un améliore ses probabilités de succès.

Pour briller en société : pourquoi l'expression « effet Pygmalion » ?

> Pygmalion était roi de Chypre. La légende veut qu'il soit tombé amoureux d'une statue d'ivoire qu'il avait lui-même sculptée. Émue par la profondeur de ses sentiments et touchée par ses prières, Aphrodite, la déesse de l'amour, donna vie à la statue.
>
> Ainsi, le regard de l'amour transforma-t-il une simple statue en une femme bien réelle.

L'équipe de Robert Rosenthal a fait passer des tests d'intelligence à des élèves d'école primaire, puis a annoncé à l'équipe enseignante que certains étaient bien plus doués que d'autres. En réalité, les élèves ainsi désignés avaient été tirés au sort.

Les enseignants avaient pour consigne de ne pas divulguer cette information et de ne pas traiter différemment ces élèves.

À la fin de l'année scolaire, les élèves ont été soumis à de nouveaux tests. Ceux qui avaient été identifiés comme plus brillants ont obtenu, en moyenne, des résultats significativement meilleurs que les autres.

Ainsi, l'image positive que les enseignants avaient de leurs élèves s'est transformée en réalité.

Courir après l'effet Pygmalion

David est un marathonien qui veut transmettre sa passion de la course à pied à ses collègues. Il leur propose de les entraîner en vue d'une course de 6 km interentreprises, au profit d'une association.

Lors du premier entraînement, il court avec Juliette et Agnès pendant 45 minutes, à une allure à peine supérieure à celle de la marche. Focalisées sur ce qu'elles pensent être une piètre performance, Agnès et Juliette sont convaincues que l'expérience est profondément fastidieuse pour David et qu'il ne la renouvellera pas.

À leur grande surprise, il les félicite avec emphase d'avoir tenu aussi longtemps sans s'arrêter et leur donne rendez-vous deux jours plus tard pour tenter d'augmenter légèrement la distance parcourue en 45 minutes.

Agnès et Juliette se sentent galvanisées par les félicitations de David et, malgré l'effort que cela représente pour elles, décident de s'entraîner deux fois par semaine jusqu'à la course.

« *Sometimes we win, sometimes we ~~lose~~ learn*[11] »

Cette citation nous rappelle à quel point il est important d'octroyer aux autres le droit à l'erreur.

11. « Parfois on gagne, parfois on ~~perd~~ apprend. »

Affirmer cela revient sans doute à enfoncer une porte ouverte… en théorie ! Car en pratique, ça n'est pas toujours une mince affaire.

Une sanction méritée ?

Pascal est responsable de chantier depuis trente ans et a toujours apporté satisfaction à son employeur. Mis sous pression pour un chantier qui prend du retard, il commet une négligence en matière de sécurité. Son responsable hiérarchique s'en rend compte, le convoque dans son bureau et lui annonce froidement, sans la laisser s'expliquer : « C'est inadmissible, j'appelle les RH pour une sanction à effet immédiat. »

Pascal est effondré. Il appelle le lendemain pour annoncer que son médecin lui a prescrit un arrêt de travail.

L'exemple de Pascal nous montre que la façon dont nous réagissons aux erreurs des autres peut avoir de lourdes conséquences.

Son responsable aurait pu prendre la situation à la légère et réagir par exemple d'un simple : « Fais gaffe, là, ça n'a pas l'air bien conforme. » Pascal n'aurait pas été arrêté par son médecin, mais le problème de fond n'aurait pas été traité et une situation semblable aurait pu se reproduire.

Une bonne façon de réagir est d'impliquer Pascal de manière positive, afin de lui faire prendre conscience de son erreur et de lui montrer qu'il a toutes les cartes en main pour progresser (rappelons que c'est un employé modèle depuis trente ans). Par exemple : « Cette négligence aurait pu avoir de lourdes conséquences. Dans l'urgence, je te demande de remédier immédiatement au problème. Dès que cela sera fait, je te propose de revenir me voir pour que l'on s'assure ensemble que cela ne se reproduira pas. »

C'est ainsi que l'échec peut devenir une opportunité d'apprendre et de s'améliorer.

Souligner ce qu'il y a de bon chez les autres

Une expérience a été menée auprès d'étudiants[12] : après avoir passé des tests de personnalité, ils sont qualifiés de manière aléatoire, soit de gentils et d'attentifs aux autres, soit d'intelligents. Après avoir quitté la salle, ils passent devant une étudiante qui laisse tomber des affaires.

Les résultats de l'expérience sont les suivants : ceux qui ont été qualifiés d'altruistes sont deux fois plus nombreux à aider l'étudiante à ramasser ses affaires que ceux qui ont été qualifiés d'intelligents et ils y passent deux fois plus de temps.

Cette expérience fait écho au « principe de naturalisation », bien connu des étudiants en psychologie : la meilleure façon de renforcer un trait de personnalité positif, c'est de souligner auprès d'une personne que ce trait correspond à ce qu'elle est profondément. C'est en effet comme cela que l'on intériorise une qualité, que l'on cherchera par la suite à manifester, puisque l'on sait qu'elle est appréciée.

Ainsi, plus vous soulignerez les qualités de ceux qui vous entourent, plus vous les aiderez à les mettre en valeur… et à en faire bénéficier leur entourage.

À l'inverse, le « principe de dénaturalisation » montre comment diminuer la manifestation d'un comportement non désiré. Ainsi, face à un enfant qui pousse son petit frère pour lui prendre un jouet, il est fortement déconseillé de s'exclamer « Mais vas-tu arrêter d'être méchant avec ton petit frère ? », car cela ancre en lui l'idée qu'il est méchant et l'incite à recommencer. À l'inverse, on peut espérer obtenir des résultats durables en lui disant : « Que se passe-t-il ? Cela ne te ressemble pas de pousser de la sorte ton petit frère. »

12. Jacques Lecomte, *La Bonté humaine*, Odile Jacob, 2014.

Plus les attentes que l'on a à l'égard de quelqu'un sont positives, plus cette personne va avoir tendance à manifester des comportements idoines.

Cela semble assez évident lorsqu'on imagine les attentes que des parents ou un professeur peuvent avoir à l'égard d'un enfant : plus ce dernier est encouragé et sent que son entourage croit en ses capacités, meilleurs seront ses résultats, par exemple scolaires.

À retenir

L'optimiste doit être bienveillant envers les autres : souligner ce qu'il y a de bon chez eux et leur octroyer le droit à l'erreur, pour les aider à cultiver leurs points forts et à s'améliorer.

L'ESSENTIEL DE CE CHAPITRE

- **Optimisme et bienveillance vont de pair, car la bienveillance est une précieuse corde de rappel pour éviter de succomber à une vision égocentrique du monde.**
- **L'optimiste bienveillant croit en lui : il sait s'appuyer sur ses points forts et ne perçoit pas ses faiblesses comme des obstacles insurmontables. Il sait également s'octroyer le droit à l'erreur.**
- **Lorsqu'un individu est confronté à une difficulté, l'optimisme lui permet de relativiser la situation, afin de garder une posture constructive. Il est alors important de déceler les circonstances dans lesquelles il faut persévérer pour atteindre ses objectifs et celles où mieux vaut lâcher prise.**
- **Souligner ce qu'il y a de bon chez les autres et leur donner une vision positive d'eux-mêmes les aide à développer leurs qualités. Lorsqu'ils commettent des erreurs, il est important de garder une posture constructive, sans pour autant occulter les problèmes.**

CHAPITRE 3

LES BÉNÉFICES DE L'OPTIMISME

« Je préfère vivre en optimiste et me tromper, que vivre en pessimiste pour la seule satisfaction d'avoir eu raison. »

Milan Kundera

Au programme

- Les bénéfices de l'optimisme sur la santé
- Les bénéfices de l'optimisme bienveillant sur la performance
- Les bénéfices de l'optimisme sur le bien-être
- Le phénomène de contagion

Notre objectif est ici de vous donner envie de cultiver l'optimisme, à travers des exemples très concrets des changements positifs que cela peut instiller dans votre vie.

Nous avons choisi de nous attacher aux trois domaines dans lesquels les bénéfices de l'optimisme sont les plus tangibles : la santé, la performance et le bien-être.

Les bénéfices de l'optimisme sur la santé

Qu'il s'agisse de prévenir la maladie ou de la combattre, l'optimisme est votre allié !

En effet, nous allons voir qu'il aide à se prémunir des maux les plus bénins comme des maladies graves, pour vivre plus longtemps et en meilleure santé.

Des effets notables sur de nombreuses maladies

Face à des circonstances très difficiles, comme une grave maladie, les optimistes ont plus tendance à accepter la situation et ne pas se laisser abattre. Ils gardent confiance en la vie, se donnent les moyens de faire face et tâchent de trouver dans l'adversité de quoi grandir. La maxime « ce qui ne me tue pas me rend plus fort[13] » illustre leur état d'esprit.

Loin de nous l'idée de clamer qu'il suffit de positiver pour être épargné par la maladie. Pour autant, nous souhaitons évoquer ici des études sérieuses, qui montrent l'impact positif de l'optimisme face à différentes maladies.

La dépression

La dépression semble être devenue le mal caractéristique des pays occidentaux : depuis 1970, le nombre de dépressifs à travers le monde a été multiplié par dix. Et, comme nous l'avons vu, les Français en font lourdement les frais.

En avril 2016, le site internet de l'Organisation mondiale de la santé (OMS) indique que la dépression touche mondialement

13. Cette maxime, qui fait désormais partie de la sagesse populaire, est la réalité extraite d'un essai du philosophe allemand Friedrich Nietzsche, *Le Crépuscule des idoles* (1888).

plus de 350 millions de personnes : c'est la première cause d'incapacité dans le monde.

Le marché des antidépresseurs est aujourd'hui florissant (plusieurs milliards d'euros). Mais, s'ils sont efficaces à court terme pour lutter contre les symptômes de la dépression, les antidépresseurs n'en soignent pas les causes.

Prévenir et guérir la dépression est donc un véritable enjeu de santé publique.

Dans son livre *S'épanouir*[14], Martin Seligman cite les résultats d'une méta-analyse menée par deux chercheurs en 2009, à partir de 103 études de croissance post-traumatique : celle-ci montre que l'optimisme est un facteur majeur d'épanouissement personnel.

Il a également travaillé avec des enfants en difficulté (dépression sévère, problèmes familiaux…) dans le cadre du Penn Prevention Program[15] et leur a enseigné comment faire face, en suivant quatre principes :

1. identifier les pensées auto-défaitistes (par exemple : « Je sens bien que ce camarade ne m'aime pas ») ;
2. analyser ces pensées négatives pour en extraire les suppositions inexactes sur lesquelles elles s'appuient (par exemple : « Il ne m'a pas dit bonjour ce matin, c'est bien la preuve qu'il ne m'aime pas ») ;
3. remplacer les suppositions négatives par de plus optimistes et réalistes (par exemple : « Il ne m'a pas dit bonjour, il ne m'a probablement pas vu ») ;
4. dédramatiser (par exemple : « J'ai d'autres copains avec qui jouer à la récré »).

14. Martin Seligman, *S'épanouir. Pour un nouvel art du bonheur et du bien-être*, Belfond, 2013.

15. Programme mené en Pennsylvanie décrit par Lucy McDonald dans *Apprendre à être optimiste (pour gérer notre stress et préserver notre santé)*, Le Courrier du Livre, 2005.

Le résultat du Penn Prevention Program est éloquent, avec une baisse de 35 % des symptômes dépressifs sévères par rapport au groupe témoin[16].

Ainsi, l'optimisme est un formidable antidépresseur… pour lequel vous n'aurez pas besoin d'ordonnance !

Des étudiants de psychologie face au 11 Septembre

En 2001, Barbara Fredrickson, professeure de psychologie à l'université de Caroline du Nord, réalise une étude avec ses élèves : après les attentats terroristes du 11 Septembre, ils interviewent un groupe de personnes qui avaient déjà été interrogées au début de l'année. Les personnes interrogées doivent identifier les émotions qu'elles ressentent, dire ce qu'elles ont appris de ces attaques et qualifier leur optimisme à propos de l'avenir.

Quasiment toutes déclarent se sentir tristes et en colère et plus de 70 % sont déprimées. Cependant, une analyse statistique des réponses montre que les personnes qui faisaient preuve d'optimisme et ressentaient plus d'émotions positives au début de l'année s'avèrent, finalement, avoir deux fois moins de chances de faire une dépression.

Les maladies infectieuses

Vous êtes-vous déjà demandé pourquoi certaines personnes traversent l'hiver sans contracter le moindre rhume, même en pleine épidémie, alors que d'autres semblent destinées à ne pouvoir se séparer de leurs mouchoirs ? La réponse qui vient spontanément à l'esprit est qu'elles ont sans doute un meilleur système immunitaire… Peut-être, mais pourquoi ?

Plusieurs facteurs jouent sur la performance du système immunitaire : la génétique, les conditions de vie, l'hygiène de vie… mais aussi l'état d'esprit.

Durant les années 1980, Christopher Peterson, professeur de psychologie à l'université du Michigan, réalise une étude sur ses 150 étudiants en psychopathologie et constate que les

16. On appelle « groupe témoin » un ensemble d'individus qui, lors d'une étude, n'est pas soumis à l'élément ou au facteur dont on teste les effets.

pessimistes ont deux fois plus de maladies infectieuses que les optimistes et se rendent deux fois plus souvent chez le médecin.

À l'époque où les contraintes éthiques qui pesaient sur les chercheurs étaient moins fortes qu'aujourd'hui, Sheldon Cohen, lui aussi professeur de psychologie, a réalisé une étude dans laquelle une dose de rhinovirus est injectée à des volontaires qui ont préalablement été soumis à des entretiens permettant de mesurer leur « humeur moyenne ». Les résultats de cette étude montrent que les personnes ayant un fort niveau d'émotions positives développent moins de rhumes et que, lorsqu'elles en développent, ils durent moins longtemps.

Sheldon Cohen a renouvelé cette étude avec le virus de la grippe et obtenu des résultats similaires.

Ainsi, en cultivant l'optimisme, non seulement vous augmenterez votre résistance aux maladies infectieuses, mais en plus vous en limiterez les impacts si elles parviennent malgré tout à vous atteindre !

Les maladies cardiovasculaires et le cancer

Les facteurs de risques cardiovasculaires interviennent très en amont du développement de la maladie et se cumulent pour augmenter le risque de développer celle-ci. Ils sont maîtrisables et réversibles.

Parmi ces facteurs, on trouve l'hypertension, le tabagisme, l'abus d'alcool, la mauvaise alimentation, la sédentarité, le stress… qui sont également des facteurs de risque pour certains cancers.

Bien sûr, nous ne prétendons pas que l'optimisme vous préservera à coup sûr de toutes les maladies. Et rappelons également qu'un optimisme excessif et inconscient pourrait avoir l'effet inverse : par exemple si vous fumez deux paquets de cigarettes par jour car vous êtes convaincu que votre santé sera toujours au top, vous risquez malheureusement de déchanter un jour.

Pour autant, augmenter vos émotions positives vous permettra *a minima* de diminuer votre stress et donc de jouer sur l'un des facteurs de risque majeurs pour les maladies cardiovasculaires et le cancer.

Par ailleurs, de nombreuses études montrent que l'optimisme a également un impact positif chez les personnes qui ont développé ces maladies. Voici trois exemples pour illustrer notre propos.

Dans son livre *S'épanouir*, Martin Seligman cite plusieurs études longitudinales (réalisées aux États-Unis et aux Pays-Bas) qui montrent que, quelle que soit la méthode utilisée pour mesurer l'optimisme, celui-ci a un impact très fort sur les décès par maladie cardiovasculaire (environ 25 % de décès en moins par rapport à la moyenne, tandis que les pessimistes sont, à l'inverse, 25 % au-dessus de la moyenne).

Une méta-analyse publiée en 2009 dans *Annals of Behavioral Medicine*, « Optimism and Physical Health: A Meta-Analytic Review » s'intéresse à quatre-vingt trois études sur l'optimisme et la santé physique. Dix-huit de ces études portent sur le cancer et montrent qu'il évolue de manière significativement plus positive chez les personnes optimistes.

Une autre étude, publiée dans *BioMed Central* en 2008, montre que le risque de développer un cancer du sein diminue chez les personnes optimistes.

L'optimisme augmente la durée de vie

Non seulement les personnes optimistes sont moins sujettes à la maladie, mais, cerise sur le gâteau, nous allons voir qu'elles vivent en moyenne plus longtemps.

La grand-mère en or de Delphine

L'une des personnes les plus optimistes et positives que je connaisse est ma grand-mère. À l'heure où j'écris ce chapitre, elle est âgée de 98 ans et se remet sereinement d'un accident vasculaire cérébral (AVC) survenu deux semaines auparavant. Face à une telle force de la nature (les médecins ont eu du mal à y croire), je ne peux m'empêcher de penser que son optimisme légendaire lui a permis, une fois de plus, de se rétablir de manière spectaculaire. Je me rappelle d'ailleurs ce début de phrase qu'elle avait employé à plusieurs reprises en s'adressant à sa fille alors qu'elle était âgée de 85 ans : « Quand je serai vieille... »

Ma grand-mère n'est pas un cas isolé : les personnes qui se sentent bien vivent plus longtemps. Donnons un exemple concret : dans la revue de juillet-août 2003 de l'*American Scientist*, Barbara Fredrickson cite une étude longitudinale menée auprès de nonnes à qui l'on demanda, pendant les années 1930, d'écrire de courts essais à propos de leur vie.

Soixante ans plus tard, on constata les résultats spectaculaires suivants : parmi le quartile des nonnes qui exprimaient dans leurs essais le plus d'émotions positives, 90 % étaient encore en vie à 85 ans et 54 % l'étaient à 94 ans ; ces chiffres tombaient à respectivement 34 % et 11 % dans le quartile de celles qui exprimaient le moins d'émotions positives.

Cette étude est d'autant plus significative que les nonnes menaient toutes sensiblement la même vie, ce qui limite l'impact de facteurs extérieurs sur leur longévité.

Pourquoi les optimistes sont-ils en meilleure santé ?

Face aux observations que nous venons de mentionner, il est légitime de se demander par quels mécanismes l'optimisme impacte aussi positivement la santé.

De nombreux chercheurs se sont penchés sur la question et, sans vouloir dresser la liste des études qui existent sur le sujet, nous vous résumons ici les enseignements majeurs que nous pouvons tirer de leurs travaux.

Les éléments de réponse s'ordonnent autour de trois idées fortes.

Une biologie de l'optimisme

Le système immunitaire est notre principale défense face à la maladie : il chasse les virus, lutte contre les bactéries, élimine les parasites et les cellules tumorales. Tout ce qui le renforce nous permet donc d'améliorer notre santé.

Or les optimistes ont un meilleur système immunitaire : par exemple, l'étude de Sheldon Cohen précédemment citée montre qu'ils sécrètent moins d'interleukine 6, une substance qui stimule les protéines liées à l'inflammation.

D'autres études ont décelé chez les optimistes des caractéristiques biologiques notables, comme un nombre plus élevé de globules blancs en cas d'infection ou une meilleure variabilité du risque cardiaque. Puisque les globules blancs sont les cellules du système immunitaire, ils jouent un rôle essentiel dans la défense de l'organisme contre les agents étrangers.

Ainsi, cultiver l'optimisme ne fait pas que jouer sur notre moral : cela a des impacts biologiques mesurables, qui agissent directement sur notre santé.

Les optimistes ont un style de vie plus sain

Convaincus qu'ils ont prise sur leur propre vie, les optimistes ont plus tendance à prendre soin d'eux.

En moyenne, ils ont un meilleur régime alimentaire, fument moins et font plus d'exercice, limitant ainsi trois des principaux facteurs de risque de nombreuses maladies.

Ils sont également moins sujets au stress et ont un sommeil de meilleure qualité, ce qui permet à la fois de prévenir les maladies et de mieux récupérer face aux petits maux du quotidien.

Lorsqu'ils tombent malades, ils ont moins tendance à se laisser abattre, quelle que soit la gravité de leur état, et mettent en œuvre les actions qui sont à leur portée pour aller mieux (comme le fait de bien se soigner).

Les optimistes sont mieux entourés

Comme l'illustre une expérience dans laquelle deux individus lisent un même texte au téléphone, l'un d'une voix enjouée et l'autre d'une voix déprimée, les gens préfèrent la compagnie des personnes positives (en l'occurrence, ils raccrochent beaucoup plus vite dans le deuxième cas).

Les optimistes sont donc globalement plus appréciés et mieux entourés : conjoint, famille, amis… Or plus un individu se trouve entouré d'amour, moins il est malade. Et s'il tombe malade, la présence de proches attentionnés l'aidera à se remettre plus vite, non seulement grâce à leur soutien moral mais également grâce à des gestes concrets qui lui faciliteront le quotidien.

L'importance de l'entourage prend toute son ampleur dans le cas des personnes âgées.

Tout d'abord, cela facilite la détection de certains symptômes et la mise en place de soins idoines : si vous rendez visite à votre vieille tante et découvrez qu'elle souffre d'essoufflement, a mal au bras et se sent fatiguée, nul doute que vous l'encouragerez à consulter un médecin, voire que vous l'y conduirez vous-même sur-le-champ.

Par ailleurs, plus les personnes âgées sont entourées de présence bienveillante et plus elles sont stimulées sur le plan intellectuel et affectif.

Or un cerveau bien stimulé préserve mieux ses neurones, dont la dégénérescence est responsable de pathologies telles que la maladie d'Alzheimer.

Et pour ce qui est de l'épanouissement affectif, c'est un puissant moteur pour se maintenir en forme, tant sur le plan psychologique que sur le plan physique, car il fournit une excellente motivation pour continuer à s'activer auprès de ceux que l'on aime.

À retenir

- **L'optimisme a des effets notables sur de nombreuses maladies (dépression, maladies infectieuses, maladies cardiovasculaires...), tant au niveau préventif que curatif.**
- **L'optimisme tend même à augmenter la durée de vie.**
- **Ces bénéfices sur la santé ont trois raisons principales : en moyenne, les personnes optimistes ont un meilleur système immunitaire, adoptent un style de vie plus sain et sont mieux entourées.**

Les bénéfices de l'optimisme bienveillant sur la performance

Sans tomber dans l'excès du culte de la performance, nous avons tous besoin, pour nous épanouir, de connaître le succès sous une forme ou une autre.

La quête de la performance ne se fait pas nécessairement dans la douleur : au contraire, une posture optimiste et bienveillante vous permettra d'obtenir de meilleurs résultats.

L'optimisme bienveillant appliqué aux enfants

La société nourrit, bien souvent dès la tendre enfance, le culte de la performance. Cela s'exprime de manière un peu différente selon les cultures. En France, nous nous insurgeons parfois contre des pratiques que l'on peut constater dans certains pays : par exemple au Japon où, dès la maternelle, les enfants sont soumis à une forte pression visant à leur faire atteindre une performance hors du commun, pour pouvoir entrer dans les meilleurs établissements scolaires.

Nous n'en sommes certes pas là en France. Cependant, nous avons à notre façon tendance à cultiver la performance dès la maternelle : les enfants reçoivent dès 3 ans des bulletins d'évaluation, les erreurs dans les travaux sont soulignées en rouge et nous infligeons involontairement à nos chérubins un stress de la performance qui peut se montrer très contre-productif.

Une maman qui veut offrir le meilleur à son fils

Dans un reportage diffusé il y a une quinzaine d'années, une maman témoignait après avoir été reçue par l'enseignante de son fils car celui-ci tombait de fatigue en classe de CE2.

La maman était filmée auprès de son fils :

« Maman, je suis fatigué et je n'ai jamais le temps de jouer à la maison.

— Tu as entendu ce qu'a dit la maîtresse, il faut te coucher de bonne heure, il n'y a pas de temps pour le jeu le soir.
— Oui, mais si j'arrêtais la natation le mardi soir ? Parce que de toute façon, je n'aime pas ça…
— Ah non, chéri, la natation, c'est important, ça te permet de te développer harmonieusement, ça sollicite tous les muscles du corps, tu continues !
— Alors je pourrais arrêter l'anglais s'il te plaît ?
— Ah non, tu continues l'anglais. Je t'ai déjà expliqué qu'il y a beaucoup de chômage et que l'anglais est un atout dans le monde professionnel. D'ailleurs, si papa était amené à changer de travail et que nous devions aller à l'étranger, grâce à l'anglais tu pourrais poursuivre ta scolarité normalement, au lieu de perdre une année. »

Le petit garçon se mit à sangloter. Sa mère lui proposa alors :

« Mais tu peux arrêter le foot si tu veux, tu auras plus de temps le mercredi ! »

Le petit garçon répondit d'un air implorant :

« Non, s'il te plaît, c'est la seule chose que j'aime vraiment… »

Loin de nous l'idée de juger la maman dans cet exemple : nous avons tous et toutes le souhait d'apporter le bonheur à nos enfants en les préparant au mieux à la vie d'adulte et il peut arriver que nous nous égarions en chemin.

Heureusement, de plus en plus de parents et de professionnels de l'éducation s'intéressent à des sujets tels que la parentalité bienveillante et la pédagogie positive[17].

Ces méthodes sont notamment axées sur l'expérimentation par l'enfant, la responsabilisation, le droit à l'erreur, l'expression et la prise en compte des émotions, l'absence de jugement, tout en instaurant un cadre suffisamment clair pour que l'enfant s'y retrouve.

Très axées sur la bienveillance, ces méthodes ne recherchent pas la performance en tant que telle, elles visent à s'adapter à chaque enfant, à suivre les rythmes de progression de chacun individuellement, sans pression.

Elles produisent des résultats à court terme comme à long terme.

D'une part, les enfants ont tendance à développer de meilleures facultés d'apprentissage.

D'autre part, ils acquièrent une plus grande estime d'eux-mêmes et une plus grande confiance en eux. Or, comme nous le verrons par la suite, il s'agit là d'un terreau favorable pour devenir un adulte épanoui.

17. Pour approfondir ce sujet, quelques références : Isabelle Filliozat, *Au cœur des émotions de l'enfant*, Marabout, 2006 ; *J'ai tout essayé !*, JC Lattès, 2011 ; Catherine Gueguen, *Pour une enfance heureuse. Repenser l'éducation à la lumière des dernières découvertes sur le cerveau*, Robert Laffont, 2014 ; Brigitte Ekert, *La Pédagogie Montessori*, Eyrolles, 2017 ; Madeleine Deny, Anne-Cécile Pigache, *Le Grand Guide des pédagogies alternatives*, Eyrolles, 2017.

L'optimisme bienveillant améliore la performance individuelle

Être optimiste et bienveillant est donc un atout pour développer les performances des enfants… mais aussi celles des adultes, tant dans leur vie privée que dans le monde professionnel.

N'oublions pas que l'habituation hédonique, ou la propension qu'a l'homme à s'habituer rapidement aux choses agréables jusqu'à en oublier leur présence (ce concept est développé plus en détail dans le chapitre 5), s'applique à tous les pans de notre vie, donc également à notre environnement professionnel. Tout comme en amour, si nous n'entretenons pas la relation que nous avons à notre travail, elle évolue de l'amour (quand nous sommes chanceux !) à l'habitude, jusqu'à la lassitude… Et tout comme en amour, il n'y a pas de fatalité, nous pouvons raviver la flamme pour continuer à être heureux au travail.

Après avoir travaillé à Harvard, Shawn Achor est devenu un expert mondialement reconnu dans le domaine des rapports entre bonheur et performance. Il développe le concept de l'atout bonheur en expliquant que cultiver un esprit positif nous rend plus motivés, plus efficaces, plus résilients[18], plus créatifs, plus productifs. Le bonheur est donc un avantage concurrentiel, un atout dans le travail.

Pour étayer son propos, il évoque plusieurs études.

La première démontre que les vendeurs optimistes dépassent en performance leurs collègues pessimistes de 56 %. Rappelons ici que les neurosciences ont prouvé que « notre cerveau se surpasse non quand il est négatif, voire neutre, mais quand il est positif[19] ».

18. La résilience est la faculté d'un individu à résister psychiquement aux épreuves de la vie et à rebondir.

19. Shawn Achor, *Comment devenir un optimiste contagieux*, *op. cit.*

De plus, des spécialistes de la psychologie positive ont mené une méta-analyse de plus de 200 études scientifiques (portant sur 275 000 individus, répartis dans le monde entier) pour démontrer que ce n'est pas tant la réussite qui mène au bonheur que le bonheur qui mène à la réussite, et cela dans de nombreux domaines (travail, santé, amitié, sociabilité, créativité, énergie).

Optimiste de la tête aux pieds

> **Deux vendeurs de chaussures européens sont envoyés en Afrique au début des années 1990 pour évaluer le potentiel de vente sur ce continent.**
>
> **Le soir de leur arrivée, ils adressent chacun un télégramme à leur patron.**
>
> **Le premier se désole :**
>
> **« C'est une situation désespérée, ils ne portent pas de chaussures. »**
>
> **Le second s'enthousiasme :**
>
> **« C'est une occasion inespérée ! Ils n'ont pas encore de chaussures ! »**

En ayant confiance en leurs capacités, les optimistes ont moins peur de l'échec et passent plus facilement à l'action. De plus, ils se fixent des objectifs plus nombreux et plus ambitieux. Ils persévèrent face à l'adversité tout en tirant des enseignements de leurs erreurs et atteignent mieux leurs objectifs.

Ces réussites viennent nourrir leur confiance en eux, renforcer leur optimisme et développer leur sentiment d'efficacité personnelle, ce qui provoque de nouvelles réussites : c'est le cercle vertueux du succès expliqué par Lucy McDonald[20].

Par ailleurs, les optimistes gèrent aussi mieux leur stress et gardent le moral, ce qui leur permet de continuer à agir de manière efficace !

Enfin, des études[21] montrent que « les personnes qui ont l'opportunité chaque jour de se focaliser sur leurs capacités et leurs

20. Lucy McDonald, *Apprendre à être optimiste (pour gérer notre stress et préserver notre santé)*, *op. cit.*

21. Tom Rath, *Strengthsfinder 2.0*, New York, Gallup Press, 2007.

forces psychologiques, dont l'optimisme, ont six fois plus de chances d'être impliquées dans leur travail et plus de trois fois plus de chances de déclarer qu'elles ont une excellente qualité de vie en général ».

L'optimisme bienveillant au service de la performance collective

Interrogez une personne au hasard dans la rue et demandez-lui ce qui la motive dans son travail. Il est très probable que la réponse soit l'une des suivantes : l'argent, l'intérêt du travail, la reconnaissance associée, l'ambiance.

De nombreuses entreprises misent exclusivement sur la rémunération au sens large (salaire, primes, augmentations, intéressement...). À long terme, ce seul dispositif ne produit pas de résultats sur la performance.

En effet, si une personne est investie financièrement, elle raisonne uniquement en « retour sur investissement », et cela vaut pour les deux parties que sont l'employeur et l'employé.

Une conversation entendue dans le métro

Une jeune femme explique à son compagnon de transport qu'elle n'a pas été augmentée comme elle l'attendait. Elle a donc décidé de s'augmenter elle-même, en diminuant son implication et son temps de présence : ainsi, elle augmente son taux horaire. Elle ajoute que, de toute façon, elle ne trouve pas dans ce travail l'épanouissement et le bien-être qu'elle espérait.

Cet exemple montre à quel point il est important pour les entreprises que les salariés se sentent bien au travail et dépassent le simple investissement financier : c'est l'investissement émotionnel qui crée l'engagement !

Certaines entreprises l'ont bien compris et, depuis quelques années, on voit fleurir un nouveau métier, celui de Chief Happiness Officer, également appelé « Feel Good Manager ».

Ce métier, initialement nommé « Jolly Good Fellow[22] », est né dans la Silicon Valley sous l'impulsion de Chade-Meng Tan, un ingénieur embauché par Google pour améliorer le bien-être des collaborateurs. Il fait aujourd'hui des émules jusqu'en France, et plus seulement dans les start-up !

Le Chief Happiness Officer a pour objectif de créer les conditions du bien-être en entreprise, pour que les salariés puissent se consacrer entièrement à leurs tâches. Cela passe par différentes actions concrètes : organisation de moments de convivialité pour entretenir la cohésion, prise en compte spécifique de situations individuelles complexes, communication renforcée au sein des équipes, accompagnement du changement, etc. Bref, insuffler une culture positive et optimiste suppose d'exercer des missions variées et transverses !

Cultiver l'optimisme : un véritable enjeu d'entreprise

L'insatisfaction au travail coûte cher aux entreprises françaises. En effet, l'une de ses principales conséquences est un important taux d'absentéisme. Or, d'après le septième baromètre de l'institut Alma Consulting Group réalisé en 2015, les coûts directs de l'absentéisme (maintien du salaire, coût du remplacement temporaire et perte de valeur) représentent environ 5,8 % de la masse salariale, soit 45 milliards d'euros pour l'ensemble des entreprises du secteur privé.

22. Joyeux luron, bon camarade.

À l'inverse, Shawn Achor montre que l'optimisme peut augmenter la productivité de 15 % et la satisfaction de la clientèle de 42 %[23].

Par ailleurs, de plus en plus d'entreprises rencontrent des difficultés à fidéliser leurs collaborateurs et à en recruter de nouveaux : améliorer le bien-être au travail est un élément d'attractivité pour tous, plus encore pour les nouvelles générations.

Le psychologue Marcial Losada a mené dix années de recherche sur la performance des équipes, en se fondant sur la modélisation mathématique. Ses recherches ont donné naissance au « ratio de Losada » : les équipes les plus performantes sont celles au sein desquelles les interactions positives sont au moins trois fois plus nombreuses que les négatives.

Le ratio de Losada à la maison

> **Si le ratio de Losada s'applique aussi dans un contexte personnel, sa valeur n'est en revanche pas la même. Pour un couple solide, le ratio interactions positives/interactions négatives doit être supérieur à cinq.**
>
> **Les interactions peuvent être de différentes natures : paroles, gestes, attitudes… À vous de faire preuve d'imagination !**

En France, la gentillesse est globalement perçue comme une qualité, mais également comme une faiblesse dès que l'on atteint un certain niveau de responsabilités. Le stéréotype du dirigeant carriériste et égoïste a la dent dure !

Pourtant, le philosophe Emmanuel Jaffelin tend à démontrer que la gentillesse est une force pour les managers et les salariés[24] :

- Elle génère de l'entraide au sein des équipes : en ne laissant pas un collègue « en panne » sur un sujet, c'est de la performance qui est générée pour l'entreprise.

23. Shawn Achor, *Comment devenir un optimiste contagieux*, *op. cit.*
24. *Éloge de la gentillesse en entreprise*, First, 2015.

- Souvent, la personne aidée est reconnaissante et rend la bienveillance par la bienveillance[25] ; on entre ainsi dans un cercle vertueux.
- L'instauration d'une bonne ambiance impacte positivement et durablement l'engagement des salariés.

L'optimisme est également très utile au management puisque les équipes apprécient ce trait de caractère et donc se soudent autour de lui. En accordant le droit à l'erreur, en ne cédant pas à la panique mais en relativisant les choses et en cultivant la bonne humeur, le manager et les collaborateurs se font confiance, travaillent mieux ensemble, s'entraident et génèrent plus de performance.

Le fait de toujours être dans la recherche de solutions avec ses interlocuteurs est un véritable levier de motivation d'équipe : si le plan A ne fonctionne pas, il y a forcément un plan B, voire un plan C s'il le faut.

Dans le même esprit, l'adversité peut souder une équipe optimiste et l'amener à se surpasser : là où des pessimistes baisseraient les bras en se disant par exemple « Pfff, il va falloir un temps fou pour réussir à mettre cela en œuvre », des optimistes répondraient « C'est vrai… donc commençons au plus vite ! ».

Recruter malin

Amandine, 37 ans, dirige un centre d'appels. Elle témoigne :

« Mes premières réflexions sur l'optimisme datent de mes débuts professionnels ; c'est vraiment à ce moment que j'ai découvert que tout le monde n'en était pas doté, que c'était une réelle qualité individuelle, et surtout que c'était indispensable au collectif.

J'ai vite remarqué aussi que les téléconseillers de mauvaise humeur, aussi bons soient-ils dans leur métier, ne contribuaient qu'à plomber l'ambiance et à ralentir le collectif. J'ai alors donné à mes responsables d'équipe des consignes pour

25. Aussi optimistes que nous soyons, nous avons bien conscience que « souvent » ne veut pas dire « toujours ».

le recrutement : "Cherchez des personnes enthousiastes et de bonne humeur, c'est une richesse importante car, avec cela, on peut tout apprendre et tirer un collectif."

Je peux vous dire que cela a fonctionné et que les résultats ont été au rendez-vous ! »

À retenir

Dès le plus jeune âge, l'optimisme et la bienveillance ont des impacts positifs sur les facultés d'apprentissage et l'estime de soi.

À l'âge adulte, les performances individuelles et collectives se trouvent améliorées par l'exercice d'une posture positive. Nombre d'entreprises s'accordent aujourd'hui sur ce sujet et cherchent à développer l'optimisme et la bienveillance parmi leurs salariés.

Les bénéfices de l'optimisme sur le bien-être

L'optimisme peut avoir un impact positif sur votre santé et votre travail. De manière plus générale, regardons à présent comment il peut augmenter votre bien-être et celui de votre entourage.

Profiter des bons moments

Essayez de vous rappeler la dernière fois que vous vous êtes réjoui d'avoir du chauffage chez vous. Probablement était-ce après en avoir été privé, consécutivement à une panne une panne.

Nous jouissons tous au quotidien d'une multitude de petites choses auxquelles nous ne prêtons plus attention tant nous estimons qu'elles sont normales. Ce processus psychologique est appelé « habituation hédonique » et, comme le résume Sonja Lyubomirsky : « Notre tendance à nous habituer à presque tout ce qui nous arrive de positif est un terrible obstacle au bonheur[26]. »

Plusieurs études ont d'ailleurs montré que ce phénomène concerne aussi les événements exceptionnels, comme le fait de gagner au loto : après une période d'euphorie, qui dure entre six mois et deux ans, les gagnants retrouvent rapidement un niveau de bonheur semblable à celui qu'ils avaient auparavant (quand il n'est pas inférieur !).

L'optimiste n'attend pas forcément d'événement extraordinaire pour se réjouir, il sait que la vie sera toujours remplie de petits bonheurs : une tartine beurrée au réveil, le câlin d'un enfant, un fou rire avec un collègue, une conversation avec une amie, une musique agréable entendue à la radio, un rayon de soleil, un beau paysage, des chaussures trop serrées qui volent en rentrant chez soi…

Vous trouverez dans la troisième partie de cet ouvrage des exercices pour entraîner votre cerveau à générer ce type d'émotions positives.

Affronter l'adversité

Il est des situations dramatiques face auxquelles l'optimisme brut est malvenu. Si un ami nous annonce qu'il est atteint d'un cancer, mieux vaut éviter de nous exclamer : « Eh bien, c'est un sacré coup dur… mais ça va sûrement s'arranger, d'ici quelques mois ça ne sera plus qu'un mauvais souvenir ! » Certes, cette réaction serait très optimiste… mais elle ne serait pas bienveillante, puisqu'elle ne prendrait pas en considération la détresse de notre ami.

26. *Qu'est-ce qui nous rend vraiment heureux ?*, Le Grand Livre du mois, 2014.

Il y a un temps pour tout et, lorsque l'un de nos proches fait face à l'adversité, il faut avant tout se montrer à l'écoute de ce qu'il ressent.

Cela étant, nous avons vu que l'optimisme aide à surmonter les difficultés, y compris les problèmes de santé. Il est donc important, lorsque l'on souhaite accompagner une personne en détresse, de nourrir cet optimisme. Il y aura toujours, sur le chemin, des choses positives et de bons moments auxquels se raccrocher. Sachez les repérer et aider votre entourage à faire de même.

La kermesse de l'école

Augustin, 6 ans, se fait une joie de participer à la kermesse de l'école : non seulement il va pouvoir y jouer avec ses amis, mais en plus il tient un rôle important dans le spectacle de fin d'année !

Le jour J, Augustin se lève du mauvais pied. Il est fébrile et se montre grognon.

Le moment tant attendu du spectacle arrive et ses parents le sentent nerveux : sur la scène au premier rang, bien que concentré, il s'emmêle les pieds et chute devant l'attroupement des parents. Quelques rires fusent…

À la fin du spectacle, les parents d'Augustin essaient de le rassurer et il part s'amuser avec ses copains.

Le soir, au moment du coucher, la maman d'Augustin lui demande ce qu'il a pensé de sa journée. Il lui répond du tac au tac qu'il est tombé devant tout le monde et qu'il a passé un mauvais moment.

Sans nier l'importance de cette chute pour Augustin, sa maman reparle tranquillement avec lui du reste de la chorégraphie qui s'est bien déroulé, puis de tout le plaisir qu'il a ressenti pendant les temps de jeu avec ses copains et enfin de la bonne glace qu'il a pu déguster.

À l'issue de la discussion, le bilan de la journée est tout à fait différent pour Augustin, qui se couche avec le sourire aux lèvres.

Se réjouir pour et avec autrui

S'il est important d'être solidaire face à l'adversité, il en est de même par rapport aux bonnes choses : au-delà du simple fait de ne pas nous réjouir du malheur des autres, nous avons tout à gagner à nous réjouir de leur bonheur !

Cela présente un premier intérêt évident : celui de multiplier les occasions que nous avons de nous réjouir.

À plus long terme, cela renforce les relations positives que nous avons avec notre entourage et nous permet de vivre en meilleure compagnie.

On dit souvent que c'est dans la difficulté que l'on reconnaît les couples solides. C'est en partie vrai, car les épreuves sont susceptibles de renforcer la relation comme, à l'inverse, de la détruire.

Mais ce que l'on oublie de dire, c'est que les réactions face à un événement positif sont également un très bon baromètre de l'état d'une relation… Surtout quand l'événement positif impacte principalement un seul des deux partenaires.

Quand une promotion sème la zizanie dans un couple

Caroline et Alexis sont en couple depuis plusieurs années. Alexis, avocat dans un gros cabinet parisien, gagne bien sa vie, mais souffre de ne pas avoir de bonnes relations avec ses collègues et supporte de moins en moins le stress lié à son travail. Il rêve de tout laisser tomber pour devenir photographe… mais n'ose pas franchir le pas, même si le revenu de Caroline pourrait leur permettre de s'en sortir.

Un soir, Caroline rentre rayonnante : on vient de lui offrir le poste dont elle rêve depuis trois ans !

Alexis ressent un léger pincement d'envie face au bonheur de sa compagne, mais n'ose l'exprimer. Il laisse l'amertume prendre le dessus, plus ou moins consciemment, et lui répond : « Eh bien, il y a au moins une personne dans cette maison qui est contente de la vie qu'elle a ! »

Caroline est à la fois surprise et attristée par cette réaction, qui lui donne l'impression que son compagnon n'est pas heureux avec elle. Le plaisir que lui procure sa promotion s'en trouve entaché et elle en veut à Alexis pour ce qu'elle considère comme de l'égoïsme.

L'exemple de Caroline et Alexis illustre l'importance de savoir se réjouir pour ceux qui nous entourent, car à long terme l'amertume d'Alexis abîme la relation et peut conduire à la dissolution du couple.

Si ce dernier avait pu partager la joie de sa compagne malgré sa propre frustration professionnelle, il aurait pensé avant tout à faire plaisir à celle qu'il aime et aurait pu par exemple déclarer en toute sincérité : « Ma chérie, je suis vraiment très heureux pour toi. Je t'avoue que je ressens un peu d'envie car j'aimerais être aussi épanoui que toi professionnellement. Mais c'est à moi de faire ce qu'il faut pour cela et on verra ça plus tard. Ce soir, c'est la fête ! »

Cette réaction aurait eu, bien sûr, tendance à consolider la relation. Et, cerise sur le gâteau, il est presque certain qu'Alexis se serait laissé sincèrement contaminer par l'engouement de Caroline. Il aurait même peut-être trouvé de nouvelles ressources pour oser mettre en place les changements qu'il souhaitait dans sa vie professionnelle.

Ainsi, se réjouir pour et avec notre entourage nous permet d'utiliser le bonheur des autres comme un tremplin pour booster nos propres émotions positives.

Et avec les inconnus ? Positive attitude !

La neurobiologie nous apprend que notre cerveau contient des zones de la récompense et de la satisfaction qui sont activées lorsque nous sommes généreux, faisons preuve d'empathie, ou encore coopérons avec d'autres personnes. Nous sommes donc naturellement programmés pour avoir envie d'aider.

Être bienveillant avec les autres a un immense bénéfice collatéral : cela nous fait du bien ! C'est l'« altruisme égoïste » décrit par Sonja Lyubomirsky[27] : lors d'une étude, elle a en effet constaté que les individus invités à accomplir cinq actes de bonté par jour se déclarent plus heureux que ceux du groupe témoin et que la sensation perdure au-delà de la durée de l'exercice.

Ce résultat a d'ailleurs été corroboré par des études qui montrent par exemple que des étudiants à qui l'on remet 20 dollars en leur donnant comme consigne soit de les dépenser pour eux-mêmes, soit de les dépenser de manière altruiste, se déclarent plus heureux lorsqu'ils ont dû les dépenser pour autrui.

Ne laissons donc pas le pessimisme ambiant nous convaincre de la noirceur de l'humanité et nous dissuader de demeurer bienveillant avec autrui : saisissons plutôt les opportunités qui se présentent dans notre vie quotidienne d'adopter une attitude positive et bienveillante.

En effet, cultiver la bienveillance n'est pas nécessairement compliqué, coûteux ou chronophage : il s'agit plutôt d'un état d'esprit à développer par l'entraînement et la mise en pratique, de manière adaptée à notre personnalité, à nos valeurs, à notre style de vie.

Bien sûr, vous pouvez vous engager dans une association humanitaire, faire des dons à des associations caritatives, apprendre à lire à des adolescents déscolarisés… Mais vous pouvez aussi, tout simplement, vous montrer bienveillant avec les personnes qui vous entourent dès que vous en avez l'occasion.

Suivons donc pour cela le conseil de Mordecai Paldiel, historien juif américain spécialisé dans l'histoire de la Shoah : « Ne cherchons pas d'explications mystérieuses à la bonté chez les

27. Sonja Lyubomirsky, *Comment être heureux et le rester*, Flammarion, 2008.

autres, mais redécouvrons plutôt le mystère de la bonté en nous-mêmes. »

Do you spique ingliche ?

Aurélie partage cette anecdote : « Il y a quelque temps, dans le RER, je lisais un article qui traitait de la conjoncture catastrophique pour la France (Euro de football mal sécurisé, baisse du tourisme à cause de l'arrogance des Français, grève des transports sur fond de loi travail, inondations, peur des attentats, crise, chômage...). J'ai décidé de ne pas me laisser aller au défaitisme et de réagir. En sortant, à La Défense, j'ai vu des touristes perdus et bousculés par le flot de voyageurs. Pressée d'arriver au travail et peu désireuse de pratiquer mon anglais approximatif, j'ai tout d'abord été tentée d'ignorer la scène... et me suis reprise juste à temps !

J'ai donc pris le temps de leur fournir des explications claires, ce qui m'a valu un beau sourire de remerciement. Je me sentais heureuse : j'avais surmonté mon appréhension de parler anglais et d'arriver en retard, j'avais aidé quelqu'un, j'avais envie d'aider encore plus... et je savais que ces personnes le rendraient à quelqu'un d'autre. »

Le phénomène de contagion

Qu'elles soient positives ou négatives, les émotions sont contagieuses et peuvent provoquer des réactions en chaîne.

Dans une expérience décrite par Jacques Lecomte[28], une personne complice des expérimentateurs fume et bloque l'entrée d'un immeuble. Lorsqu'un passant arrive et la contourne, soit elle ne fait rien (condition d'impolitesse), soit elle s'excuse et se décale (condition de politesse). Dans la condition de contrôle, la personne fume à côté de la porte, sans gêner l'accès à l'immeuble.

28. Jacques Lecomte, *La Bonté humaine*, *op. cit.*

À peine entré dans l'immeuble, le passant voit quelqu'un qui laisse tomber un paquet de feuilles.

Les résultats de l'expérience sont les suivants : 43 % des passants qui ont croisé le fumeur courtois aident, tandis qu'ils sont seulement 21 % dans la condition neutre et 13 % dans la condition d'impolitesse.

Ces résultats ont été corroborés dans de nombreuses situations. Un simple sourire peut même suffire : 70 % des personnes répondent à quelqu'un qui leur demande de l'aide dans un magasin si une autre personne leur a adressé un sourire juste avant, alors qu'elles ne sont que 35 % si personne ne leur a, auparavant, manifesté un peu de gentillesse.

Ainsi, plus vous diffuserez d'émotions positives autour de vous, plus vous inciterez ceux qui vous entourent à faire de même, provoquant éventuellement des réactions en chaîne… qui ne manqueront pas de vous revenir par effet boomerang !

À retenir

- **L'optimisme permet de mieux profiter des bons moments : en développant notre conscience des petites choses agréables du quotidien, nous multiplions les occasions de ressentir des émotions positives.**
- **L'optimisme permet d'être mieux armé pour affronter l'adversité : même une journée difficile recèle de bons moments et chacun peut aider les autres à les identifier.**
- **L'optimisme est un démultiplicateur d'émotions positives : le phénomène de contagion permet d'instaurer un cercle vertueux par lequel, plus vous captez les émotions positives des autres et en diffusez vous-même, plus vous inciterez votre entourage à faire de même.**

L'ESSENTIEL DE CE CHAPITRE

- **L'optimisme présente de nombreux bénéfices sur la santé : c'est un facteur de prévention pour de nombreuses maladies et il tend même à augmenter la durée de vie. Cela est dû au fait que les personnes optimistes ont un meilleur système immunitaire, adoptent un style de vie plus sain et sont mieux entourées.**
- **Les impacts positifs de l'optimisme sur la performance sont visibles tout au long de la vie : dès la petite enfance, les capacités d'apprentissage et la confiance en soi se trouvent améliorées dès lors que les adultes « référents » adoptent une posture positive et bienveillante. À l'âge adulte, on observe des écarts importants entre pessimistes et optimistes, tant sur la performance individuelle que sur la performance collective. De nombreuses entreprises travaillent d'ailleurs à développer une « culture positive ».**
- **Cultiver l'optimisme permet de multiplier les occasions de ressentir des émotions positives : en profitant tout simplement des bons moments de la vie quotidienne, en se réjouissant du bonheur des autres, en diffusant soi-même des émotions positives à ceux qui nous entourent et nous les renverront.**

Notes personnelles

PARTIE 2

LE CHEMIN DE L'OPTIMISME

Nous espérons que la première partie de ce livre vous a convaincu de la nécessité de cultiver l'optimisme et vous a donné l'envie de nous suivre sur son chemin.

Dans le cas contraire, nous vous suggérons d'essayer le pessimisme pendant quelque temps… Nous sommes prêtes à parier avec vous que vous ne mettrez pas longtemps à vous remettre à la lecture de cet ouvrage !

Dans cette deuxième partie, nous allons commencer notre cheminement par un état des lieux de votre situation personnelle : faites-vous partie des chanceux qui voient naturellement le bon côté des choses, ou devez-vous au contraire lutter régulièrement contre une tendance à voir ce qui ne va pas ?

Nous verrons ensuite que, quelle que soit votre posture naturelle, vous pouvez apprendre à devenir plus optimiste et bienveillant. En effet, devenir optimiste est avant tout une question de volonté et d'investissement personnel.

Nous vous présenterons enfin les principaux obstacles à surmonter pour développer votre optimisme et booster vos émotions positives : ceux-ci peuvent provenir de votre éducation, de votre histoire, de votre entourage… mais surtout de vous-même ! Vous trouverez dans cette partie des techniques pour vous aider à surmonter ces obstacles.

CHAPITRE 4

INNÉ OU ACQUIS ?

« Il n'y a personne qui soit né sous une mauvaise étoile,
il n'y a que des gens qui ne savent pas lire le ciel. »

Dalaï-Lama

Au programme

- Toi, tu as de la chance…
- L'homme naturellement bienveillant
- Optimistes par nature ?
- Et vous, de quel côté êtes-vous ?
- Génétique, éducation et libre arbitre

Toi, tu as de la chance…

La question de l'inné ou de l'acquis est très présente dans les différentes approches psychologiques qui étudient les traits de personnalité. C'est une question complexe, car tout être humain est le résultat d'un savant mélange de patrimoine génétique, de réaction à l'environnement et de libre arbitre.

Lorsque l'on est optimiste, on entend parfois des commentaires du style : « Toi, tu as de la chance, tu vois toujours le bon côté des choses. »

Or, même si l'on partage le sentiment d'avoir effectivement la chance d'être doté d'un « bon naturel », on sent bien au fond de nous que la chance ne fait pas tout et que l'on se donne aussi les moyens de voir le verre à moitié plein là où d'autres le voient à moitié vide !

Il est alors légitime de se poser la question : a-t-on effectivement la chance de naître optimiste et bienveillant ? Et si l'on est né pessimiste, peut-on y changer quelque chose ?

L'homme naturellement bienveillant

Depuis des siècles, toutes les théories se sont affrontées sur le sujet de la nature de l'homme.

Aux deux extrêmes, on trouve par exemple d'un côté Rousseau et son mythe du bon sauvage, de l'autre Hobbes et sa conviction que l'homme est misérable et solitaire.

Si le débat philosophique reste ouvert, il nous semble intéressant de nous attarder sur deux approches qui ont le mérite d'être étayées par des années d'étude et d'observation du genre humain, à travers de multiples cultures.

La première est celle de Jacques Lecomte, retracée dans son livre *La Bonté humaine*[29]. La conclusion à laquelle il parvient est qu'« à côté de tendances potentiellement agressives chez l'être humain sont présentes, *et d'une manière plus importante encore*, des tendances à l'empathie, à l'altruisme et à la coopération ».

La deuxième est celle de Matthieu Ricard, développée dans son brillant *Plaidoyer pour l'altruisme*[30] : preuves scientifiques à l'appui, il livre quant à lui une impressionnante vision de la force de la bienveillance. Nous ne saurions d'ailleurs que trop conseiller la lecture de cet ouvrage.

Au-delà de ces références littéraires, notre propre sens de l'observation nous permet de déceler dans la vie courante des

29. *Ibid.*

30. Matthieu Ricard, *Plaidoyer pour l'altruisme*, NiL, 2013.

exemples qui illustrent bien le fait que la bienveillance fait partie intégrante de la nature humaine.

Tout petit déjà, l'enfant sait distinguer le bien du mal, console ses parents et petits copains plus vulnérables, aide sa famille et s'en fait même une joie. Par exemple, vous ferez très plaisir à un enfant de 4 ans en lui demandant de vous aider à vider le lave-vaisselle. Il nous faut bien admettre qu'en revanche, le résultat n'est pas garanti avec les adolescents !

Dans la vie quotidienne, on observe tous les jours des gestes de bienveillance : un enfant perdu dans un supermarché ne reste pas longtemps seul, une personne qui chute dans la rue est rapidement secourue, beaucoup de personnes donnent leur sang pour des inconnus (sans contrepartie en France)... Et lors de circonstances extraordinaires, les héros ne portent pas tous une cape : personnes risquant leur vie pour sauver un passant, voire se sacrifiant volontairement pour en sauver d'autres, mouvements spontanés de solidarité lors de catastrophes naturelles, etc.

Même lors des guerres, la quasi-totalité des soldats répugne à tuer et développe de lourds traumatismes psychologiques (syndrome de stress post-traumatique) dès lors qu'ils y sont obligés.

La grande faucheuse en quelques chiffres

Regardons les chiffres recueillis par Jacques Lecomte quant aux décès survenus en 2002 à l'échelle mondiale. Cette année-là, environ 1,6 million de personnes sont mortes de violence, sur une population de 6,3 milliards :

- **870 000 par suicide ;**
- **560 000 par homicide (dont les homicides involontaires, comme certains accidents de la route) ;**
- **170 000 par la guerre.**

Ainsi, on pourrait dire que le suicide (souvent conséquence de la dépression) tue cinq fois plus que la guerre... Cultiver les émotions positives est donc une problématique de santé publique : bienveillance et optimisme doivent être conjugués ensemble.

À retenir

> **La bienveillance fait partie de la nature humaine. Elle est manifeste chez les jeunes enfants et il ne tient qu'à nous de la cultiver tout au long de notre vie.**

Optimistes par nature ?

Un beau-père doué pour le bonheur

Christophe André[31] raconte une des nombreuses anecdotes dont il dispose au sujet de son beau-père, qu'il qualifie de « grand maître de bonheur » : à la suite d'un violent choc à la tête alors qu'il se trouve seul dans sa maison du Pays basque, ce dernier parvient à appeler les pompiers qui l'évacuent en urgence par hélicoptère. Lorsqu'il appelle ses enfants pour raconter son aventure, il entame son récit de la sorte : « Ah, les enfants, figurez-vous qu'il m'est arrivé un truc incroyable cet après-midi : j'ai survolé le Pays basque en hélicoptère, c'était splendide, je n'avais jamais fait cela de ma vie. » Christophe André constate : « L'histoire est désormais définitivement stockée dans sa mémoire au rayon "bons souvenirs". Le plus fascinant, c'est qu'il n'a fait apparemment aucun effort pour en arriver là : son cerveau semble spontanément capable d'extraire le bon côté de tout ce qui arrive dans sa vie, ou presque. »

Dans un registre moins poétique, je n'ai jamais oublié les paroles (triviales, certes) d'une amie à qui je tâchais de faire relativiser une déconvenue : « Toi, même quand il t'arrive une merde, tu vois le bon côté de la merde. »

La nature ferait-elle en sorte que certaines personnes soient prédisposées dès leur naissance à voir le verre à moitié plein et d'autres à le voir à moitié vide ?

31. Psychiatre français faisant référence sur le sujet de la psychologie positive, anecdote racontée dans la préface du livre de Martin Seligman précédemment cité *S'épanouir*.

Globalement, les enfants sont naturellement optimistes et positifs

Il suffit d'écouter des enfants en bas âge jouer entre eux pour se rendre compte qu'ils ont une approche de la vie très optimiste. Ils se mettent en effet très peu de freins et sont capables de recommencer inlassablement la même tentative, jusqu'à ce qu'ils parviennent à leurs fins. La meilleure preuve de cela n'est-elle pas l'apprentissage de la marche ? Seule une immense confiance en ses capacités peut permettre à l'enfant de chuter des centaines de fois et de persévérer malgré tout jusqu'à ce qu'il réussisse à marcher !

Martin Seligman[32] analyse : « Il y a fort à parier que c'est l'évolution qui se trouve à la racine de cet état de fait. L'enfant porte en lui les gènes de l'avenir et la nature a pour intérêt premier de faire en sorte qu'il atteigne la puberté en sécurité afin de pouvoir engendrer la génération suivante. Elle l'a donc nanti de pare-chocs non seulement physiques (de toute la population, les préadolescents ont le taux de mortalité le plus faible, toutes causes confondues) mais également psychologiques, pare-chocs qui prennent la forme d'un espoir illimité et irrationnel. »

Lorsque l'on soumet des enfants à des tests d'optimisme, ils obtiennent généralement des résultats bien supérieurs aux adultes et aux adolescents. Que se passe-t-il donc lorsque les enfants grandissent ?

L'enfant sous influence

Les enfants sont soumis à des influences qui auront tendance à les rendre plutôt optimistes ou plutôt pessimistes.

Martin Seligman et ses équipes ont soumis un questionnaire d'optimisme à une centaine d'enfants et à leurs parents. Ils

32. Martin Seligman, *La Force de l'optimisme*, InterEditions, 2008.

arrivent à la conclusion que le niveau d'optimisme de la mère est très proche de celui de son enfant, quel que soit le sexe de ce dernier, alors que celui du père n'a que peu d'influence. Ce résultat est sans doute dû à l'influence des comportements et des propos de la mère, celle-ci étant dans la grande majorité des cas la personne qui s'occupe le plus des enfants en bas âge.

Dans leurs études, ils identifient trois sortes d'influence qui s'exercent sur le mode d'explication de l'enfant et auront donc tendance à le rendre plutôt optimiste ou pessimiste :

- la tonalité des interprétations de ses parents, en particulier de sa mère ;
- la forme des critiques formulées par les adultes en cas d'échec de sa part ;
- l'évolution des premiers traumatismes qu'il rencontrera (s'ils disparaissent, il en déduira que l'on peut surmonter les problèmes ; s'ils persistent, il risquera de se sentir impuissant face à l'adversité).

À retenir

> **Les enfants sont naturellement optimistes. En grandissant, ils sont soumis à différentes influences, qui auront tendance à exacerber cet optimisme naturel ou au contraire à l'étouffer.**

Et vous, de quel côté êtes-vous ?

Il est possible que, pour vous, la réponse à cette question soit évidente.

Dans le cas contraire, différents outils existent pour réaliser un autodiagnostic.

Vous pouvez, par exemple, trouver en libre accès sur Internet l'échelle d'orientation de vie[33], que nous retranscrivons ci-dessous pour vous permettre d'évaluer votre niveau d'optimisme en dix questions.

Faites ce test avant de lire la suite, en répondant selon votre ressenti et sans vous poser trop de questions (il n'y a pas de bonne ou de mauvaise réponse).

	Pas du tout d'accord	Pas d'accord	Ni d'accord, ni pas d'accord	D'accord	Tout à fait d'accord
1. Dans les périodes d'incertitude, je m'attends généralement au meilleur.					
2. Il est facile pour moi de me relaxer.					
3. Si quelque chose risque de mal se passer pour moi, cela arrivera.					
4. Je suis toujours optimiste sur mon avenir.					
5. J'apprécie beaucoup mes amis.					
6. Il est important pour moi de rester occupé.					
7. Je m'attends rarement à ce que les choses aillent bien pour moi.					
8. Je ne me sens pas bouleversé si facilement.					
9. J'envisage rarement que de bonnes choses puissent m'arriver.					
10. Généralement, je m'attends à ce qu'il m'arrive davantage de bonnes choses que de mauvaises.					

33. Christiane Trottier, Université Laval (Québec).

Calculez votre score d'optimisme de la manière suivante :

Pour les questions 1, 4 et 10, comptez 0 point pour « pas du tout d'accord », 1 point pour « pas d'accord », 2 points pour « ni d'accord, ni pas d'accord », 3 points pour « d'accord » et 4 points pour « tout à fait d'accord ».

Pour les questions 3, 7 et 9, comptez 4 points pour « pas du tout d'accord », 3 points pour « pas d'accord », 2 points pour « ni d'accord, ni pas d'accord », 1 point pour « d'accord » et 0 point pour « tout à fait d'accord ».

Les questions 2, 5, 6 et 8 sont des leurres, qui ne comptent pas de points.

Vous obtenez ainsi votre score, compris entre 0 (summum du pessimisme) et 24 (summum de l'optimisme).

Nous vous invitons à noter ci-dessous la date et votre score… peut-être aurez-vous envie de refaire le test après quelques semaines d'entraînement à l'optimisme bienveillant ?

Date : .... Mon score d'optimisme : ....

Date : .... Mon score d'optimisme : ....

Date : .... Mon score d'optimisme : ....

Et n'oublions pas, comme le dit Martin Seligman dans *La Force de l'optimisme,* qu'« en vérité, tout le monde, de l'optimiste inébranlable au pessimiste invétéré, connaît les deux états, aucun mode d'explication n'étant totalement homogène ou immuable ».

Génétique, éducation et libre arbitre

Combien de fois avez-vous entendu la phrase « Mais je ne comprends pas, elle a tout pour être heureuse ! » à propos d'une personne souffrant d'un mal-être chronique, voire de dépression ? Cette petite phrase anodine ancre dans l'inconscient collectif l'idée que le bonheur dépend uniquement des conditions de vie et non de l'intention personnelle ou d'autres facteurs.

Or la réalité est bien différente.

En effet, il nous semble pertinent d'envisager que l'aptitude à l'optimisme relève de trois facteurs :

- la génétique ;
- nos conditions de vie : pauvreté ou aisance, situation familiale, éducation et, de manière plus générale, influences auxquelles nous sommes soumis dans l'enfance ;
- notre libre arbitre, c'est-à-dire la façon dont nous allons choisir de réagir aux événements.

Nous n'avons bien évidemment pas de moyen d'agir sur la génétique. Cependant, nous faisons nôtre la maxime d'Alain : « Le pessimisme est d'humeur, l'optimisme de volonté » et nous verrons dans la suite de cet ouvrage comment agir sur les deux autres facteurs pour devenir plus optimiste et aider notre entourage à faire de même.

Le message que nous souhaitons à présent délivrer à ceux qui ne sont pas naturellement optimistes est le suivant : chacun peut se donner les moyens de le devenir !

Dans son livre *Comment être heureux et le rester*[34], Sonja Lyubomirsky nous livre le résultat d'une vingtaine d'années de recherche : notre aptitude au bonheur serait déterminée à 50 % par notre capital de départ (patrimoine génétique), à 10 % par les circonstances extérieures (milieu social, situation familiale…) et à 40 % par notre investissement personnel (comportements et attitudes dans la vie). Nous avons donc la main pour augmenter significativement notre bonheur !

34. Sonja Lyubomirsky, *Comment être heureux et le rester*, *op. cit.*

Les déterminants de l'aptitude au bonheur

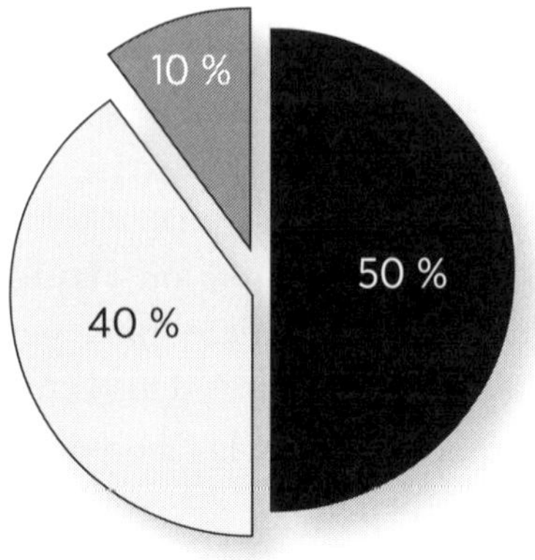

Bien que de telles études n'aient pas été réalisées spécifiquement au sujet de l'optimisme, nous pensons que la même logique peut s'appliquer : quels que soient notre capital de départ et nos conditions de vie, il est en notre pouvoir d'augmenter significativement notre optimisme !

Rappelez-vous que vous n'avez absolument rien à perdre à essayer, mais plutôt tout à gagner. Les techniques que nous allons vous livrer sont à la portée de tous, il suffit d'un peu de volonté et d'entraînement, comme l'illustre un joli conte attribué aux Indiens d'Amérique du Nord.

Conte des Indiens d'Amérique du Nord

> **Un grand-père explique à son petit-fils qu'en chacun de nous cohabitent deux loups : l'un est le loup de la peur, de la haine et de l'égoïsme ; l'autre celui de la confiance, de l'amour et de la bonté. Au cours d'une vie, ces deux loups se livrent une lutte acharnée.**
>
> **Le petit garçon interroge alors son grand-père afin de savoir quel est le loup qui gagne finalement. Le sage homme lui répond simplement : « Celui que tu nourris le mieux. »**

Le cerveau est malléable et nous pouvons le reprogrammer. Au cours des années 1970, le Dalaï-Lama a affirmé que la simple pensée pouvait modifier notre structure cérébrale et cela a depuis été confirmé par la recherche : par exemple, des études ont montré que le cerveau des chauffeurs de taxis londoniens avait un hippocampe (la zone cérébrale spécialisée dans la mémoire spatiale) bien plus gros que celui de l'individu moyen. De même, si l'on pique l'index de la main non lectrice d'une personne qui lit le braille, une petite zone du cerveau s'éclaire ; mais si on lui pique l'index de l'autre main, on voit « une lampe halogène sur une grosse zone du cortex[35] ».

À retenir

> **Notre niveau d'optimisme dépend de trois facteurs : notre patrimoine génétique, nos conditions de vie et notre investissement personnel.**
>
> **Chacun peut donc se donner les moyens de devenir optimiste, ce livre est là pour vous y aider !**

35. Relaté par Shawn Achor dans *Comment devenir un optimiste contagieux*, à partir d'études menées par le neuroscientifique Alvaro Pascual Leone.

L'ESSENTIEL DE CE CHAPITRE

- **L'homme est naturellement bienveillant. Notre vie quotidienne est remplie d'exemples de « bonté ordinaire », qui se manifestent souvent dès la petite enfance.**
- **Les enfants ont une tendance naturelle à l'optimisme. Ils sont ensuite soumis à différentes influences, qui vont renforcer cette tendance ou l'atténuer. On distingue trois principaux types d'influence sur l'enfant : la tonalité des interprétations de ses parents (en particulier de sa mère), la forme des critiques formulées par les adultes lorsqu'il échoue et l'évolution des premiers traumatismes qu'il affronte.**
- **Notre niveau d'optimisme dépend de trois facteurs : notre patrimoine génétique, nos conditions de vie et notre investissement personnel. En nous entraînant, nous pouvons reprogrammer notre cerveau pour qu'il génère plus d'émotions positives. L'objectif de cet ouvrage est de vous y aider.**

CHAPITRE 5

LES FREINS À LEVER

« Il n'y a qu'un chemin pour le bonheur, c'est de cesser de nous tracasser pour des choses qui ne dépendent pas de notre volonté. »

Épictète

Au programme

- Des freins intrinsèques
- Des freins liés à ceux qui nous entourent
- Quelques pièges à éviter

Des freins intrinsèques

Si nous ne sommes pas tous de grands optimistes, ça n'est pas parce que nous y mettons de la mauvaise volonté. Pour cultiver l'optimisme, nous devons lever des freins présents en nous-même.

Le creux ultradien

Sur vingt-quatre heures, notre rythme biologique est composé d'une succession de cycles ultradiens[36]. Un cycle est composé d'une phase d'environ 90 minutes, pendant laquelle nous

36. Phénomène décrit par Sonja Lyubomirsky dans *Qu'est-ce qui nous rend vraiment heureux ?*, repris de Simone Schnall *et al.*, « Social Support and the Perception of Geographical Slant », *Journal of Experimental Social Psychology*, vol. 44, 2008, p. 1245-1255.

sommes alertes, suivie d'une phase de léthargie d'environ 20 minutes. Pendant cette phase, nous sommes facilement en proie à des émotions négatives.

Il est inutile de chercher à échapper à tout prix à ce creux ultradien. En revanche, en ayant conscience de la cause biologique de notre « petit coup de mou », il devient plus facile de vivre avec : c'est le moment d'essayer de se détendre ou de se changer les idées.

Un mail assassin

Clothilde est chef de produit dans une grande entreprise. À la veille du lancement d'une offre sur laquelle elle travaille depuis plusieurs mois, elle reçoit un mail du service juridique qui alerte sur un point qu'elle croyait sous contrôle et préconise le report du lancement de l'offre.

Clothilde est furieuse. Elle répond dans la foulée au mail en remettant en cause le professionnalisme du juriste qui l'a envoyé, qualifiant sa préconisation d'« irresponsable ».

Une demi-heure plus tard, Clothilde commence à regretter de s'être emportée, d'autant plus que plusieurs chefs de service étaient en copie du mail.

En fin de journée, sa chef vient la voir et lui annonce que ses propos, jugés insultants, ont déclenché un petit cataclysme et qu'il va falloir qu'elle présente des excuses.

Lorsque vous êtes la proie d'émotions négatives soudaines, gardez à l'esprit l'importance de ne pas agir dans la précipitation. Avant toute décision importante, on recommande souvent de « dormir dessus » : ainsi, vous disposerez du recul nécessaire pour ne pas vous laisser emporter par des émotions passagères. Plus concrètement, s'il vous arrive d'être dans le cas de Clothilde, vous pouvez rédiger votre mail pour vous soulager mais nous vous conseillons vivement de l'enregistrer en brouillon et d'y revenir plus tard…

La génétique et l'évolution

Les émotions négatives sont l'héritage de l'origine des espèces. En effet, ressentir une émotion négative met en jeu nombre de phénomènes physiques qui ont permis à l'homme préhistorique de se protéger et de survivre : à titre d'exemple, le stress ressenti à proximité d'un prédateur engendrait une accélération de la pression artérielle et la libération d'hormones ayant pour but de dilater les bronches, d'irriguer le cerveau en sang, plus riche en oxygène… bref, de rendre la fuite plus efficace[37] ! Le pessimisme a donc été très utile à la survie des espèces, mais il en résulte que nous sommes tous programmés pour être naturellement un tant soit peu pessimistes.

Imaginer comment se prémunir des risques est toujours intéressant, mais avons-nous aujourd'hui autant besoin de mécanismes de défense ancestraux, alors même que notre environnement a changé ? Autrement dit : avons-nous besoin de ressentir des émotions négatives pour nous protéger d'un affrontement avec notre collègue de bureau (ce qui parfois, il faut bien le reconnaître, représente le plus grand danger de notre journée), comme l'homme préhistorique se prémunissait d'un duel avec un animal sauvage ?

La réponse est « non », bien sûr : aujourd'hui, au lieu de fuir, nous pouvons développer d'autres capacités bien plus utiles dans le monde contemporain. C'est ce que nous explique Barbara Fredrickson[38] qui a élaboré la théorie du « broaden-and-build » (élargir et construire). Selon elle, au lieu de limiter nos actions à la lutte et à la fuite, il faut élargir notre champ des possibles, ce qui nous rend plus réfléchis, créatifs et ouverts à la nouveauté.

37. Philippe Rodet, *Le Bonheur sans ordonnance*, Eyrolles, 2014.

38. Barbara Fredrickson, « The Broaden-and-Build Theory of Positive Emotions », *Philosophical Transactions of the Royal Society B: Biological Sciences*, 2004.

Shawn Achor[39] complète et explique que l'effet d'élargissement est un phénomène biologique : les émotions positives nous font produire de la dopamine et de la sérotonine, des amines qui contribuent au bien-être, dynamisent les capacités d'apprentissage et stimulent la réflexion et la créativité. Une étude de l'université de Toronto vient corroborer ces éléments puisqu'une différence dans les facultés d'analyse entre des sujets exposés à des pensées positives et d'autres exposés à des émotions négatives a été observée : les personnes ont été invitées à regarder les mêmes tableaux et celles qui étaient d'humeur négative n'ont pas vu les détails alors que rien n'a échappé aux sujets de bonne humeur…

Enfin, des tests sur les mouvements oculaires ont montré que les émotions positives élargissent réellement notre vision périphérique.

Choisir l'optimisme revient donc à lutter contre notre penchant naturel au pessimisme, sans nous en défaire complètement : nous verrons qu'avec quelques exercices, vous pouvez reprogrammer votre cerveau pour devenir plus optimiste et garder une petite dose de pessimisme qui peut s'avérer utile si elle n'est pas excessive et qu'elle est maîtrisée !

L'impuissance apprise

L'impuissance apprise a été découverte par Martin Seligman, Steven Maier et Bruce Overmier[40] au cours des années 1960. Elle prend ses racines dans l'observation suivante : des animaux (rats, souris, chiens…) soumis à des décharges électriques auxquelles ils ne peuvent échapper deviennent passifs face à

39. Shawn Achor, *Comment devenir un optimiste contagieux*, *op. cit.*

40. Martin Seligman, Steven Maier, « Failure To Escape Traumatic Shock », *Journal of Experimental Psychology*, 1967 ; Bruce Overmier, Martin Seligman, « Effects of Inescapable Shock Upon Subsequent Escape and Avoidance Learning », *Journal of Comparative and Physiological Psychology*, 1967.

des difficultés ultérieures. Des animaux subissant les mêmes décharges, mais avec la possibilité d'agir pour y échapper, font au contraire face avec efficacité lorsqu'ils rencontrent ensuite d'autres obstacles.

Suivant le même principe, des expériences ont été réalisées sur des êtres humains en remplaçant les décharges électriques par des stimuli désagréables mais non dangereux (comme un bruit très fort). Les sujets sont alors répartis en trois groupes :

- groupe A : soumis aux stimuli, sans possibilité d'agir pour y échapper ;
- groupe B : soumis aux stimuli, avec la possibilité d'agir pour y échapper (en appuyant sur un bouton) ;
- groupe C : groupe contrôle, qui n'est soumis à aucun stimulus.

La deuxième phase de l'expérience se déroule plus tard et dans un autre lieu. On présente une boîte au sujet. En plaçant sa main sur l'un des côtés, le sujet déclenche un bruit, qu'il peut arrêter en déplaçant légèrement sa main. On observe que les sujets des groupes B et C apprennent rapidement à faire cesser le bruit, tandis que la plupart des sujets du groupe A attendent passivement que le bruit cesse par lui-même. On note même que les sujets du groupe B ont de meilleurs résultats que ceux du groupe contrôle : le sentiment de maîtrise les a rendus plus forts.

Dès notre plus jeune âge, nous sommes confrontés à des événements négatifs plus ou moins nombreux. Parfois, nous ne pouvons rien faire d'autre que les subir ; d'autres fois, nous trouvons des leviers pour agir. Ainsi, selon notre histoire personnelle, nous aurons tendance à développer un sentiment d'impuissance ou de maîtrise. Et cela conditionnera fortement notre façon d'appréhender les difficultés au cours de notre vie.

Pour autant, il ne faut surtout pas y voir une fatalité ! En effet, il est important de noter qu'un tiers des personnes ne deviennent jamais impuissantes, tandis qu'une personne sur dix l'est dès le départ, sans aucune intervention extérieure. L'étude des personnes qui semblaient immunisées contre l'impuissance apprise a donné naissance au concept d'optimisme appris : les personnes convaincues que les causes de leurs difficultés sont ponctuelles, transitoires et réversibles cèdent très peu au sentiment d'impuissance.

Autrement dit, même si votre histoire personnelle a ancré en vous une tendance à vous sentir impuissant, vous pouvez la surmonter en suivant les conseils proposés dans ce livre.

L'habituation hédonique

Au fil des millénaires, l'homme a démontré sa grande capacité d'adaptation. Cette faculté, indispensable à la survie de l'espèce dans des conditions extrêmes, se révèle moins bénéfique dans un contexte plus heureux : en effet, nous avons une fâcheuse propension à nous adapter aux bonnes choses avec tant de facilité que nous cessons de les percevoir.

Ce phénomène, connu sous le terme d'« habituation hédonique » (comme nous l'avons mentionné précédemment) est un obstacle important pour quiconque souhaite développer une vision positive et optimiste de son environnement. En effet, il se manifeste dans tous les domaines de la vie : confort matériel, vie affective, travail, etc.

L'habituation hédonique représente également une entrave à la bienveillance, puisqu'elle empêche parfois de prendre conscience de ce que les autres font pour nous. Or, si nous peinons à ressentir de la gratitude, nous avons moins tendance à agir nous-même de façon altruiste.

La plupart des exercices que nous vous proposons dans la troisième partie de ce livre ont pour objectif de lutter contre l'habituation hédonique : en apprenant à mieux déceler les sources potentielles d'émotions positives et à cultiver ces émotions pour qu'elles prennent de l'ampleur, vous développerez facilement votre optimisme et votre bienveillance.

À retenir

> **Pour cultiver l'optimisme, nous devons surmonter des freins présents en nous-même : poids de la biologie, de la génétique ou tout simplement de l'habitude. Les exercices proposés dans la troisième partie de ce livre vous y aideront.**

Des freins liés à ceux qui nous entourent

Lever les freins qui sont en nous est la première étape sur le chemin de l'optimisme. L'étape suivante, c'est de lever ceux qui peuvent naître lors de nos interactions avec autrui.

Le regard des autres

Dans l'introduction de son ouvrage *La Bonté humaine*, Jacques Lecomte raconte comment, lorsqu'il a commencé à parler de son projet de livre à son entourage, certaines personnes se sont réjouies : « Enfin, je vais pouvoir argumenter auprès des gens qui se moquent de moi en me traitant de gentil idéaliste ! »

Soyons clairs : ce genre de moqueries, on les entend aussi lorsque l'on est tout simplement un grand optimiste, car les pessimistes ont tendance à nous percevoir comme des ravis de la crèche, voire des imbéciles heureux ! Bref, en étant optimiste, on risque de paraître un peu niais.

Tout au long de ce livre, nous avons exposé des arguments rationnels et documentés prouvant l'absence de fondement de cette idée. Pourtant, des travaux de psychologie ont montré que des personnes tenant des propos négatifs sont perçues comme plus intelligentes que d'autres ayant des propos positifs, même si la teneur de ces propos est d'une qualité identique[41].

S'il est particulièrement important pour vous de passer pour une lumière, vous pouvez donc essayer de vous plaindre, de critiquer, de râler un maximum…

Personnellement, nous préférons une voie un peu plus laborieuse, certes, mais nettement plus gratifiante : tenter de mettre un peu d'intelligence de fond dans nos propos d'optimistes invétérées ! Rappelons qu'une des qualités principales de l'optimiste est de savoir affronter les problèmes de manière constructive. Or la résolution de problème est une composante indéniable de l'intelligence.

Ne vous laissez donc pas influencer par d'éventuels regards condescendants lorsque vous adoptez une attitude positive : maintenez le cap de l'optimisme et développez sereinement votre propos, vous entraînerez les autres dans votre sillage en leur prouvant qu'une telle posture permet d'obtenir des résultats concrets.

Lutter contre la négativité ambiante

Il nous arrive à tous d'être confrontés à une personne extrêmement négative et de ne pas savoir comment réagir.

Une erreur à ne pas commettre est de penser que ce bougonneur a tous les torts et que nous sommes des victimes impuissantes de sa mauvaise humeur. La première question à se poser est : « Que puis-je changer moi-même dans mon approche ? » En effet, peut-être que la façon dont nous nous comportons vis-à-vis de cette personne renforce sa négativité, ou *a minima* ne l'aide pas à en sortir.

41. T. M. Amabile, « Brilliant but Cruel: Perception of Negative Evaluators », *Journal of Experimental Psychology*, vol. 19, 1983.

La casserole de la discorde

Dimanche matin, Julien se lève de très bonne humeur. Il va chercher des croissants et revient préparer en chantonnant un délicieux petit déjeuner pour sa compagne Chloé. En lui préparant un chocolat chaud maison dont elle raffole, il fait malencontreusement tomber une casserole (« vide, ouf, quelle chance j'ai », pense-t-il). Satisfait de ses préparatifs, Julien se réjouit à l'avance de la réaction de Chloé, qui ne manquera pas de s'extasier devant tant d'attentions.

Quelques minutes plus tard, Chloé débarque dans la cuisine avec sa mine des mauvais jours et lance : « C'était quoi ce bruit infâme qui m'a réveillée en sursaut ? C'est trop demander dans cette maison que de pouvoir dormir tranquille le dimanche matin ? »

Blessé et vexé par ce qu'il perçoit comme de l'ingratitude, Julien ressent l'envie de dire à Chloé ses quatre vérités. Mais il sait que, s'il fait cela, elle continuera à râler et leur dimanche sera gâché… Ce qui serait bien dommage, alors que lui-même s'est levé de si bonne humeur ! Il respire donc un grand coup, prend le temps de ressentir cette bonne humeur, et répond à Chloé : « Je suis désolé de t'avoir réveillée ma chérie. Je voulais te faire une surprise en ce beau dimanche matin et j'ai malencontreusement fait tomber une casserole en te préparant un chocolat chaud. »

L'humeur de Chloé change instantanément, elle se confond en excuses… et nos deux tourtereaux profitent à fond de leur journée !

L'exemple de Julien et de Chloé illustre que la meilleure façon de lutter contre la négativité des autres est bien souvent de se maintenir dans une posture positive et bienveillante. En effet, cela évite d'alimenter les émotions négatives et offre au contraire la possibilité de s'en sortir.

Il arrive cependant que l'on se retrouve face à une personne qui ne souhaite pas sortir de la spirale négative dans laquelle elle se trouve. C'est son droit et elle a très certainement des raisons pour cela.

Il vous reste alors deux options.

La première est tout simplement l'éloignement. Celui-ci peut être temporaire, par exemple si une personne est simplement de mauvaise humeur. Il peut aussi être définitif, si vous sentez qu'une relation vous fait plus de mal que de bien dans la durée.

La deuxième option est celle que Barbara Fredrickson appelle « l'aïkido social[42] », qui consiste à rejeter la négativité des autres sans les blesser ni se blesser soi-même, en faisant preuve d'empathie et de compassion. Vous pouvez par exemple verbaliser ce que vous ressentez et vous présenter comme une ressource si la personne souhaite faire appel à vous, tout en précisant que vous prenez une certaine distance émotionnelle par rapport à la situation, afin de ne pas en souffrir.

Le bonheurisme

Il existe aujourd'hui une tendance sociétale à penser que le bonheur est un droit accessible à tous… voire un devoir !

On peut alors percevoir l'obligation d'être heureux comme une injonction : je dois être heureux, là, maintenant, tout de suite ! Honte à moi si je n'y parviens pas !

Cette injonction à être heureux a l'effet inverse de celui qui est recherché : elle nous conduit à culpabiliser dès que nous sommes envahis d'émotions négatives. On se retrouve alors prisonnier d'une spirale qui peut, dans les cas extrêmes, conduire à la dépression.

Nous défendons ici le droit et la nécessité de ressentir des émotions négatives.

Nous avons beau tenter parfois de nous convaincre que la majorité des décisions que nous prenons est d'origine rationnelle, nous sommes avant tout guidés par nos émotions. Refuser de ressentir une émotion négative est donc un non-sens : on peut vivre dans le déni, mais l'émotion restera toujours présente au

42. Barbara Fredrickson, *Positivity: Top-Notch Research Reveals the Upward Spiral That Will Change Your Life*, Paperback, 2009.

niveau inconscient et se manifestera d'une manière ou d'une autre.

L'important est de savoir gérer nos émotions pour qu'elles ne deviennent pas envahissantes et toxiques. Rappelons que la bienveillance commence par soi-même, que nos émotions font partie intégrante de nous-même... et que l'échec est parfois une étape sur le chemin de la réussite.

À retenir

> **Si les autres sont indispensables à notre bonheur, ils peuvent également, sans le vouloir, entraver nos émotions positives : il est important de savoir se détacher du regard des autres et de ne pas se laisser contaminer par le pessimisme ambiant, sans pour autant occulter les émotions négatives que nous pouvons ressentir.**

Quelques pièges à éviter

Lorsque l'on parvient à lever les freins que nous venons de passer en revue, il convient de rester vigilant face à certains écueils qui guettent l'optimiste convaincu.

Épuiser son entourage

Dans des situations de stress, de deuil, de tristesse, l'écoute et l'empathie doivent prendre le pas sur l'optimisme. En effet, ce dernier peut être très mal vécu dans certaines situations : en période de deuil, est-il réellement réconfortant de s'entendre dire au cimetière que la personne n'a pas souffert ou que ça aurait pu être pire si elle avait eu des enfants ?

Les personnes optimistes sont généralement appréciées pour leur énergie positive, qui booste le moral de leur entourage. C'est une qualité précieuse car, comme nous l'avons vu, les émotions positives sont contagieuses.

Pour autant, un enthousiasme débordant peut, à la longue, s'avérer pénible pour l'entourage, qui n'a pas forcément la même énergie au même moment. Un proche pourrait alors s'en plaindre : « Tu me fatigues avec ton optimisme à la noix ! » Face à ce genre de réaction, interrogez-vous sur les raisons de cette remarque : s'agit-il d'une simple réaction d'humeur ou d'un ras-le-bol plus profond ? Dans tous les cas, il est important que vous entendiez la remarque, en tiriez des conclusions et ajustiez votre comportement si nécessaire : êtes-vous suffisamment à l'écoute de ce que cette personne ressent ? N'avez-vous pas balayé d'un revers de main une situation pour laquelle elle aurait eu besoin de votre soutien ?

Une rupture douloureuse

Thomas est effondré car sa petite amie vient de le quitter. Son meilleur ami, optimiste invétéré, lui déclare au téléphone : « Allez, ne t'en fais pas, tu as toujours eu du succès avec les filles, tu vas vite passer à autre chose. Et si on sortait ce soir, pour te changer les idées ? »

Thomas décline la proposition et se dépêche de raccrocher avant d'entendre : « Une de perdue, dix de retrouvées ! » Il n'a pas entendu les mots de réconfort dont il avait besoin et se sent encore plus seul et déprimé.

Perdre de vue la réalité

Un optimisme excessif peut conduire à perdre de vue la réalité des choses, à prendre des risques inconsidérés sous prétexte que « de toute façon, j'ai de la chance… » et finalement à se mettre en danger. Citons, par exemple, des personnes qui pourraient jouer avec leur santé en se disant « Ça ne passera pas par moi, ça n'arrive qu'aux autres » : que vous fumiez deux paquets de cigarettes par jour ou que vous conduisiez votre moto à 200 km/h, vous pouvez certes être convaincu que cela n'aura pas de conséquence… mais la réalité risque de se rappeler à vous de manière radicale. C'est ce qu'illustre le film de Martin Scorsese *Le loup de Wall Street*, inspiré de l'autobiographie de Jordan Belfort (incarné à l'écran par Leonardo DiCaprio), qui commence à travailler comme courtier en Bourse au cours des années 1980. À la suite de son licenciement, il monte sa propre entreprise, spécule et développe quelques pratiques douteuses, et finit par faire fortune, adoptant au passage un style de vie extravagant. Cocaïnomane et convaincu que rien ne peut entraver son succès, il développe des affaires de plus en plus frauduleuses, jusqu'à ce qu'il soit arrêté pour délit d'initié et blanchiment d'argent. Après deux années de prison, Jordan Belfort a changé radicalement de vie et est devenu conférencier en techniques de vente.

À retenir

> **Attention à ne pas nous laisser emporter par un enthousiasme débordant : plutôt que d'être des optimistes compulsifs, soyons des « optiréalistes[43] » (optimistes et réalistes) bienveillants !**

43. Terme inventé par Jacques Lecomte.

L'ESSENTIEL DE CE CHAPITRE

- **Cultiver l'optimisme nécessite un travail sur soi pour lever des freins, qu'ils soient biologiques, génétiques ou un héritage de notre passé et de nos habitudes.**
- **L'entourage peut également constituer un frein au développement de la pensée positive : se détacher du regard des autres, des injonctions sociétales et de la négativité ambiante constitue ainsi un facteur clé de succès.**
- **Attention à ne pas aller trop loin : il faut veiller à ne pas « étouffer » ses proches ou nier la réalité par un optimisme démesuré et mal à propos.**

CHAPITRE 6

SURMONTER LES OBSTACLES MENTAUX ET LES PENSÉES NÉGATIVES

« Ils ne savaient pas que c'était impossible, alors ils l'ont fait. »

Mark Twain

Au programme

- Chassez les pensées négatives
- La technique de la réfutation
- Cherchez le bon côté des choses
- Acceptez vos émotions négatives

Chassez les pensées négatives

Il est normal de ressentir des émotions négatives. L'important est de savoir les gérer pour éviter qu'elles ne nous submergent. Pour cela, il existe des techniques qui peuvent vous permettre de revenir plus rapidement à un état de paix intérieure, ou *a minima*, d'amoindrir les effets néfastes de ces émotions.

La vilaine petite voix intérieure

Qui n'a jamais entendu une petite voix intérieure lui tenir des propos négatifs ?

Quel que soit notre tempérament, cette petite voix se manifeste régulièrement, sur des registres variés.

Une amie froissée ?

Il y a quelques mois, une amie ne m'ayant pas donné de nouvelles depuis un certain temps, j'ai essayé de me remémorer notre dernière conversation téléphonique en me demandant ce qui, dans mes propos, avait éventuellement pu la froisser. Lorsque j'ai fini par la joindre au téléphone, elle m'a confié avoir traversé une période difficile durant laquelle elle avait ressenti le besoin de s'isoler. Elle commençait tout juste à se sentir mieux et était ravie de pouvoir en discuter avec moi. Je me suis sentie à la fois soulagée… et un peu bête de m'être inquiétée pour notre relation !

S'il est utile et sage de se remettre en question de temps en temps, il faut avoir conscience que la grande majorité des pensées négatives émises par notre petite voix intérieure a une fonction parasite… Ne serait-ce que parce qu'elles sont souvent auto-réalisatrices, c'est-à-dire que le simple fait d'avoir ces pensées conduit à la réalisation de l'événement redouté !

Imaginez que vous êtes au régime depuis un mois et avez perdu 4 kilos. Invité à une soirée, vous vous promettez de ne pas faire d'excès… Mais craquez sur le plateau de petits fours et les pistaches à l'apéritif. Si vous vous laissez envahir par la pensée « Je n'ai vraiment aucune volonté, ça y est, tous mes efforts depuis un mois sont fichus en l'air », vous allez probablement vous goinfrer et déprimer le lendemain matin en montant sur votre balance – ce qui risque effectivement de vous faire abandonner votre régime. Alors que si vous faites taire cette pensée et la remplacez par « Cela fait un mois que je fais des efforts, il est normal que je craque un peu, je ferai à nouveau attention demain et tout ira bien », votre régime ne pâtira pas de cet excès.

Il est normal de dresser nous-même des obstacles mentaux de ce type. Quelques réflexes simples peuvent nous permettre de les surmonter.

La distraction, tout simplement

Pour lutter contre une pensée négative, il y a plusieurs possibilités d'actions. Si la pensée est passagère et sans grande conséquence, le plus simple est encore de se changer les idées. Aller faire un jogging ou toute autre activité physique est alors une excellente solution. Regarder un film, discuter avec un proche, lire un livre, faire la cuisine… À vous d'identifier ce qui marche le mieux.

La chute

Aristide, 4 ans, tombe à trottinette et se met à pleurer : il a mal, s'est fait peur et se sent un peu honteux. Les adultes qui l'accompagnent essaient de le consoler, mais rien n'y fait et la crise de larmes va *crescendo*.

Les explications rationnelles ne servent à rien : Aristide est submergé par ses émotions.

À court d'arguments, sa maman change de stratégie et s'extasie : « Oh, mais je n'avais pas vu que tu avais mis tes nouvelles chaussures rouges à scratch et ton maillot de capitaine de foot ! Tu es équipé comme un champion, je suis certaine que tu dois courir très très vite et que tu peux même rattraper les copains qui sont partis jouer là-bas ! »

Ni une ni deux, Aristide file comme un cabri retrouver ses copains avec un grand sourire aux lèvres.

La distraction est particulièrement efficace avec les enfants dès lors que l'émotion les submerge. Elle fonctionne également très bien avec les adultes dans certaines circonstances.

Cependant, la distraction n'est pas efficace dans la durée si le sujet est vraiment sensible et nous bouleverse profondément ; dans ce cas, nous vous proposons ci-après d'autres approches.

Trouvez des explications alternatives

Cela fait cinq jours que votre conjoint est en déplacement professionnel avec une collègue, il rentre ce soir. Vous êtes ravie de le retrouver et imaginez d'avance la soirée romantique que vous allez passer tous les deux. À peine arrivé, il vous annonce qu'il est trop épuisé pour dîner et préfère aller se coucher.

Quelques heures plus tard, allongée à ses côtés et incapable de dormir, vous l'écoutez ronfler en vous rongeant les sangs : c'est certain, il s'est passé quelque chose entre sa collègue et lui.

Stop !

Quelles autres explications peut-il y avoir ?

Votre conjoint a peut-être très mal dormi la nuit précédente (parce que vous lui manquiez ?). Sa mission ne s'est peut-être pas très bien passée. Il s'est peut-être pris le bec avec sa collègue et cela le tracasse. Il a peut-être attrapé froid à cause de la climatisation de l'avion…

Bref, il y a beaucoup d'explications tout aussi plausibles, voire plus, que celle qui vous angoisse. Il ne vous reste plus qu'à en parler calmement avec lui le lendemain.

Certaines personnes ont la chance d'être naturellement optimistes et de toujours privilégier les explications positives. Si ce n'est pas votre cas, une seule solution : l'entraînement ! Prenez le temps d'élaborer ces explications positives, même si elles vous semblent peu plausibles. Et surtout, quels que soient les films que vous vous jouez, n'oubliez jamais de les confronter à la réalité.

La technique de la réfutation

Paradoxalement, il est beaucoup plus facile de tenir tête à une personne autre qu'à sa propre voix intérieure.

Une astuce consiste donc à donner corps à cette petite voix, en lui attribuant une personnalité : c'est ce que Martin Seligman appelle la « technique d'extériorisation des voix[44] ». Selon les circonstances ou notre personnalité, cette voix pourra être celle d'une personne que vous n'aimez pas et qui vous le rend bien ou, au contraire, celle d'un ami.

Là encore, la clef du succès repose sur l'entraînement. Pour démarrer, si vous avez la chance d'avoir auprès de vous une personne de confiance prête à jouer le jeu, vous pouvez lui demander d'endosser le rôle.

Ainsi, j'ai fait quelques jeux de rôle avec mes filles aînées de 11 ans, pour nous entraîner à contrôler nous-mêmes nos petites voix intérieures. Dans un des scénarios, elles devaient gérer un mauvais résultat scolaire. Voici la retranscription de deux jeux de rôle, adaptés à leurs personnalités respectives.

La mauvaise note

Dans la version ennemie, je propose à ma fille Elsa de jouer le rôle d'une camarade de classe qu'elle n'aime pas.

Elsa : J'ai eu une mauvaise note en maths.

Moi : C'est bien fait pour toi. Moi, j'ai eu une super note.

Elsa : Oh, ben ça va, la prétentieuse. Ma note n'est pas non plus si mauvaise que ça, je ferai mieux la prochaine fois.

Dans la version amie, je propose à ma fille Aurore de jouer le rôle de sa meilleure copine.

Aurore : J'ai eu une mauvaise note, ma mère ne va pas être contente.

Moi : Oh, ma pauvre, elle est drôlement dure, ta mère, de te passer un savon juste pour une mauvaise note.

44. *La Force de l'optimisme*, *op. cit.*

Aurore : Euh… ben non, je veux dire, ça ne lui fera pas plaisir mais elle ne va pas non plus se fâcher pour ça, l'important pour elle c'est que je m'applique dans mon travail.
Dans les deux cas, en trois répliques, elles sont naturellement revenues à une approche constructive et positive !

Cherchez le bon côté des choses

Et lorsqu'une chose déplaisante arrive pour de bon ?

À part dans quelques situations dramatiques, comme la mort d'un proche ou l'annonce d'une maladie grave, vous pouvez toujours vous rappeler l'adage « à quelque chose malheur est bon ».

Plutôt que de laisser les pensées négatives vous assaillir, posez-vous les questions suivantes :

- Quels sont les bons côtés de l'événement ?
- Que peut-il en résulter de positif, pour moi, pour mes proches… ou pour le reste du monde ?
- Qu'est-ce que cela m'apprend ?
- En quoi cela m'aidera-t-il à l'avenir ?

Cela ne fera pas disparaître l'événement déplaisant, mais en diminuera considérablement l'impact immédiat sur votre moral.

Intolérance au gluten

Laura, 8 ans, est atteinte de la maladie cœliaque, autrement dit elle est intolérante au gluten et ne digère pas la farine de blé. Cela n'est bien sûr pas toujours facile à vivre pour une petite fille, en particulier quand des camarades de classe apportent à l'école un gâteau ou tout type de friandise contenant de la farine de blé. Laura pourrait se dire qu'elle n'a pas de chance que cela soit tombé sur elle…
Pourtant, elle a appris à voir ce que cela lui apporte de positif : c'est une petite originalité qui interpelle ses camarades et elle a une conscience alimentaire très développée pour son âge.

Au-delà des conséquences pour elle-même, au sein de sa famille, tout le monde consomme moins de produits tout prêts et a appris à cuisiner avec de nouveaux ingrédients tels que la farine de châtaigne, ce qui leur permet de découvrir de nouvelles saveurs et d'élargir leurs horizons !

Acceptez vos émotions négatives

Il est clair que tous les conseils les plus avisés ne parviendront pas à éradiquer les émotions négatives que vous pouvez ressentir.

Dans certaines situations, vous ne parviendrez pas à prendre du recul ou à profiter du moment présent. Il est alors important d'accepter ces émotions négatives et d'apprendre à « faire avec » !

Dans son livre *S'épanouir*, Martin Seligman prend ainsi l'exemple des pilotes de chasse, qui doivent apprendre à garder la tête froide dans des situations d'anxiété extrême. Leurs instructeurs ne cherchent pas à leur enseigner des techniques de réduction de l'anxiété, mais à faire en sorte qu'ils restent capables de piloter, même sous stress sévère. Pour cela, ils les entraînent en dirigeant leurs avions en piqué vers le sol, puis en leur laissant le soin de les redresser.

Si vous avez du mal à vous défaire d'une émotion négative, comme le stress, inutile d'en rajouter en vous focalisant dessus ! Toute personne ayant déjà vécu une insomnie sait que, plus on se répète que l'on va être épuisé le lendemain si l'on ne parvient pas à dormir, plus le sommeil se tient à distance. Mieux vaut alors accepter l'idée d'être fatigué le lendemain et se dire que ça n'est pas dramatique car on se couchera plus tôt.

Acceptez donc de ressentir ces émotions, sans vous laisser submerger pour autant, grâce à la conviction que cela ne durera pas.

L'ESSENTIEL DE CE CHAPITRE

- **Il nous arrive à tous d'être en proie à une petite voix intérieure qui nous fait ressasser des pensées négatives. Plusieurs solutions existent pour sortir de ces schémas de pensée autodéfaitistes : par exemple se distraire, chercher des explications alternatives ou utiliser la technique de la réfutation des voix.**
- **Même dans des situations réellement difficiles, il y a toujours des éléments positifs : les identifier permet de mieux vivre ces moments.**
- **Les émotions négatives sont normales, les accepter permet de ne pas les renforcer et de mieux les surmonter.**

Notes personnelles

PARTIE 3

DEVENIR OPTIMISTE

Ça y est, vous êtes embarqué sur le chemin de l'optimisme… il ne vous reste plus qu'à développer votre agilité pour aller encore plus loin et mettre en pratique tout ce que nous avons vu dans les deux premières parties de cet ouvrage.

Lorsque nous avons commencé à réfléchir à ce projet de livre, nous parlions entre nous du « paradoxe du grain de sable » : alors qu'un unique grain peut suffire à gripper une machine bien rodée, une accumulation de grains bien utilisée permet de créer un magnifique château de sable… Il en est de même des émotions : une seule émotion négative dont on n'arrive pas à se défaire peut nous faire beaucoup de tort, alors qu'une multitude d'émotions positives nous fait grandir et nous permet de nous épanouir davantage.

Devenir optimiste, ce n'est pas si difficile que ça, il suffit de s'entraîner à ressentir, à développer et à partager les émotions positives. Si cette gymnastique intellectuelle peut, tout d'abord, sembler fastidieuse, avec l'habitude, elle finit par devenir automatique.

Dans cette dernière partie, nous vous proposons des exercices pratiques qui vous permettront de mettre en place votre entraînement.

Certains conseils vous sembleront faciles à suivre, tandis que d'autres vous paraîtront inaccessibles… À vous de déterminer ce que vous pouvez mettre en œuvre dès à présent et ce que vous pouvez garder pour plus tard, lorsque vous aurez déjà parcouru un bon bout de chemin sur la route de l'optimisme bienveillant.

CHAPITRE 7

RESSENTIR LES ÉMOTIONS POSITIVES

« Le vrai bonheur ne dépend d'aucun être, d'aucun objet extérieur, il ne dépend que de nous... »

Dalaï-Lama

Au programme

- Respirez
- Ressourcez-vous
- Identifiez vos « ressorts du bonheur »
- Réinterrogez régulièrement vos priorités professionnelles
- Adoptez un état d'esprit positif au travail

Respirez

Votre état émotionnel a un impact sur votre respiration et inversement : en maîtrisant mieux votre respiration, vous agissez sur votre état émotionnel et sur votre corps.

Vous respirez sans y penser, c'est même un automatisme. Heureusement, me répondrez-vous. Pourtant, nous avons intérêt à avoir conscience de notre respiration dans bien des cas : dans une situation de stress, lors d'un examen ou d'une présentation professionnelle, vous avez peut-être senti votre cœur tambouriner dans votre poitrine et votre respiration s'accélérer, au point d'avoir du mal à vous exprimer convenablement. Peut-être, à ce moment-là, une personne bien intentionnée vous a-t-elle conseillé : « Tu as l'air stressé, respire un grand coup ! » Sage conseil.

En effet, ce que nous savons intuitivement a été démontré par la médecine : « conscientiser » et contrôler sa respiration par des exercices peut permettre de maîtriser les battements du cœur et d'agir positivement sur le cerveau. C'est ce que l'on appelle « la cohérence cardiaque », rendue célèbre par le Dr David Servan-Schreiber, notamment dans son livre *Guérir*[45]. En vous focalisant pendant 5 minutes sur votre respiration, vous pouvez réguler votre système nerveux autonome, ce qui réduit les effets du stress sur votre organisme et fait que vous vous sentez mieux, apaisé. Il est conseillé de pratiquer la cohérence cardiaque de manière régulière, en insistant si le besoin s'en fait particulièrement sentir (pic de stress par exemple).

Commencez par le cœur

Travailler sa cohérence cardiaque est relativement simple.

Tout d'abord, asseyez-vous confortablement, dans un endroit calme, le dos bien droit, les pieds au sol et le ventre relâché (il ne doit pas être comprimé par des vêtements serrés). Ensuite, il suffit d'inspirer et expirer profondément : par exemple, alternez des inspirations de 5 secondes et des expirations de 5 secondes, pendant au moins 5 minutes, idéalement trois fois par jour.

Vous ressentirez déjà les bienfaits de cet exercice au bout d'un petit mois de pratique… Alors, n'attendez plus : respirez la joie de vivre !

45. Robert Laffont, 2005.

Pour aller plus loin : une approche numérique

> Il existe de nombreuses méthodes pour travailler sa cohérence cardiaque. Vous pouvez trouver sur Internet des techniques variées, sous forme de métaphores, de vidéos, etc.
>
> Voici des pratiques :
>
> https://www.coherenceinfo.com/pratiquer-la-coherence-cardiaque/respirotheque/
>
> http://www.coherence-cardiaque.com/pratiquer.html
>
> Et des exercices :
>
> https://www.youtube.com/watch?v=bM3mWlq4M8E
>
> https://www.youtube.com/watch?v=StpBBksAI90
>
> Des applications pour smartphones existent également, comme « RespiRelax ».

Ressourcez-vous

La société moderne est stressante : manque de lumière naturelle, bruit, hyperconnexion, sollicitations visuelles et sonores intempestives… autant d'agressions que nous subissons au quotidien.

Cultiver l'optimisme et la bienveillance nécessite de se sentir bien. Comme nous ressentons plus d'émotions positives dans la contemplation d'un beau paysage que dans le bruit et la chaleur d'un métro bondé, il faut savoir prendre le temps de « se mettre au vert ».

Peut-être avez-vous la chance de pouvoir partir en vacances dans des lieux ressourçants, comme la mer, la montagne ou la campagne. Quoi qu'il en soit, sachez qu'il n'est pas nécessaire de partir à l'autre bout du monde pour se ressourcer. Il est même fortement souhaitable de trouver des occasions de profiter de la nature dans votre vie quotidienne.

En effet, plusieurs études ont montré que les personnes qui se promènent un quart d'heure dans la nature ressentent plus de plaisir que celles qui se promènent en ville… et, cerise sur le gâteau, elles sont plus à même de résoudre un problème. Non seulement la nature apaise l'esprit, mais en plus elle restaure nos capacités de réflexion[46].

Redécouvrez la nature

Identifiez un espace vert situé à une distance raisonnable de chez vous : il peut s'agir d'une forêt, des bords d'un fleuve ou même d'un grand parc.

Suscitez des occasions régulières (au moins une fois par semaine serait l'idéal) de vous y promener : seul ou à plusieurs, à pied ou à vélo, par exemple à l'occasion d'une balade dominicale.

Le maître mot demeure : « ouvrez vos sens » et respirez l'odeur des arbres, écoutez le chant des oiseaux, regardez toute cette verdure… Bref, dégustez, savourez !

Pour aller plus loin : pratiquez le sevrage numérique

> **Rien ne sert d'essayer de vous ressourcer dans la nature si vous demeurez enchaîné à votre téléphone portable.**
>
> **Pour pratiquer une vraie détox, pourquoi ne pas laisser ce dernier à la maison lors de votre prochaine balade ?**

Identifiez vos « ressorts du bonheur »

Coluche disait que « l'argent ne fait pas le bonheur des pauvres ». Nous sommes bien d'accord ! Et pour autant, il ne fait pas non plus le bonheur des riches.

Ni l'amour, ni la réussite professionnelle, ni l'argent ne peuvent seuls nous apporter un bonheur durable : au mieux, le phénomène d'habituation hédonique vient éroder ce sentiment ; au pire, la course effrénée que nous menons pour obtenir ce que nous n'avons pas ne mène qu'à la frustration et à la déception.

46. Sonja Lyubomirsky, *Qu'est-ce qui nous rend vraiment heureux ?*, *op. cit.*

Pour se forger un bonheur authentique, il faut identifier ce qui nourrit nos émotions positives jour après jour, dans une démarche très personnelle, qui ne souffre pas les diktats de notre entourage ou de la société (n'oublions pas que bienveillance bien ordonnée commence par soi-même).

Pour être heureux, nous devons veiller à combler nos besoins psychologiques. Or non seulement ceux-ci ne sont pas les mêmes pour tout le monde, mais en plus ils peuvent varier au cours de notre vie ! Il n'y a donc pas de solution miracle pour être heureux, si ce n'est de s'écouter.

Amusement, valorisation des compétences, besoin d'aventure, recherche de solitude… À vous d'identifier ce dont vous avez besoin et la façon dont vous pouvez l'obtenir : par exemple, si vous avez besoin de reconnaissance professionnelle et que votre chef ne vous félicite jamais, demandez des feed-back à vos collègues ; si vous avez besoin de solitude et que vous travaillez au milieu d'autres personnes, mettez à profit votre pause déjeuner pour vous isoler (quitte à expliquer à vos collègues que cela n'est pas dirigé contre eux).

Nourrissez vos besoins psychologiques

Une fois que vous avez identifié vos besoins psychologiques fondamentaux, faites la liste de ce qui vous permet de les combler au quotidien : rentrer tôt chez vous pour retrouver vos enfants, faire du sport, tenir un blog pour exprimer vos avis, décorer votre maison, rencontrer des gens, jardiner, aller au cinéma, écouter de la musique, remporter un contrat, fabriquer une étagère, partir en week-end au bord de la mer, lire un très bon livre de développement personnel (bravo, vous y êtes !), etc.

Ce qui me permet de combler mes besoins	
•	•
•	•
•	•
•	•
•	•

À chaque fois que vous vivez un de ces moments, aussi limité soit-il, savourez-le et faites-en une impression mentale : plutôt que de vous précipiter vers votre téléphone portable pour immortaliser l'instant en image, imprimez dans votre mémoire ses caractéristiques (images, odeurs, sons…), vos sensations (bien-être, chair de poule…) et vos émotions (joie, sérénité, excitation…).

Pour aller plus loin : fabriquez-vous un book d'émotions positives

Selon l'adage bien connu que « les mêmes causes produisent les mêmes effets », il peut être intéressant de vous remémorer vos émotions positives passées, pour en raviver l'effet.

Vous pouvez ainsi réaliser votre propre journal d'émotions positives, en regroupant dans un beau carnet tout ce qui vous fait plaisir, au gré de vos envies : photos souvenirs, extraits de livres, coloriages, dessins d'enfants, citations, billets de spectacles, lettres, etc.

En cas de baisse de moral, feuilleter ce carnet vous permettra de vous replonger dans ces bons moments… Effet positif garanti !

Réinterrogez régulièrement vos priorités professionnelles

Vous avez choisi de consacrer du temps à la lecture de ce livre, plutôt que de choisir chez le libraire *Marcher sur ses collègues pour parvenir au sommet*. Il est donc probable que vous accordiez autant, voire plus d'importance à la façon de faire qu'au seul résultat.

Tout le monde n'a pas les mêmes priorités professionnelles et vous seul pouvez identifier les vôtres : bien gagner votre vie, avoir des responsabilités, garder du temps pour votre vie de famille, fréquenter des collègues sympathiques… autant d'objectifs respectables qui pourront être les vôtres à différents moments de votre vie.

Identifier vos réelles priorités n'est pas forcément chose aisée, car vous êtes influencé par de nombreux facteurs, comme le poids de la société, les projections parentales, les souhaits de votre conjoint, les injonctions que vous vous êtes données à vous-même…

Face à une déconvenue professionnelle, il y a plusieurs façons de réagir. Lorsque vous réalisez que le rêve de votre vie n'est pas atteignable et que vous ne serez pas Bill Gates, vous pouvez :

- soit ressasser votre rêve inachevé sans parvenir à vous projeter dans un avenir radieux, ni même prendre du plaisir derrière votre clavier comme autrefois ;
- soit réinterroger vos priorités et vous recentrer sur de nouveaux objectifs. Vous êtes féru d'informatique ? Eh bien, il y a fort à parier que vous pourrez utiliser votre talent dans votre entreprise (même si vous ne développez pas un fructueux business). Vous pourrez aussi garder votre passion comme hobby, ou vous épanouir en transmettant vos connaissances.

Pour demeurer optimiste et bienveillant, il est souhaitable de prendre du recul par rapport à la norme sociale et de se fixer ses propres objectifs, qui évoluent au cours d'une vie.

Comblez vos besoins professionnels

Que vous soyez épanoui dans votre travail ou que vous vous y rendiez chaque matin à reculons, nous vous invitons à identifier vos priorités professionnelles, sans vous arrêter à la partie émergée de l'iceberg.

Pour cela, posez-vous tout d'abord à tête reposée la question suivante : quelles sont aujourd'hui mes priorités professionnelles ? (phase d'identification)

Puis, pour chacune des priorités que vous avez identifiées, demandez-vous : pour quelles raisons ai-je ces priorités ? (détermination des besoins sous-jacents)

Mes priorités professionnelles	Mes besoins sous-jacents

Une fois que vous avez fait la liste de vos besoins, remplissez le tableau suivant :

Besoins	Ma situation professionnelle actuelle répond à ce besoin		
	Totalement	En partie	Pas du tout

Si la colonne des « totalement » est bien fournie, appréciez votre situation à sa juste valeur, sans laisser l'habituation hédonique gâter votre plaisir[47].

Dans le cas contraire, trois cas de figure se présentent.

1er cas : vous pouvez trouver dans votre emploi actuel des leviers à actionner pour mieux nourrir vos besoins. Il ne tient qu'à vous de faire le nécessaire, à plus ou moins long terme.

2e cas : votre emploi actuel vous satisfait globalement mais ne répond pas à un ou plusieurs de vos besoins. Dans ce cas, peut-être existe-t-il des alternatives vous permettant de satisfaire ces besoins autrement[48] ? Il est tout à fait possible qu'en les mettant en œuvre vous augmentiez significativement votre satisfaction dans votre poste actuel.

3e cas : votre emploi actuel ne vous satisfait vraiment pas tant il est aux antipodes de vos besoins essentiels. Peut-être avez-vous besoin de changer plus ou moins radicalement votre situation professionnelle. Pourquoi ne feriez-vous pas l'exercice de ce chapitre en vous projetant dans d'autres emplois ? Pour cela, essayez d'avoir une vision réaliste plutôt qu'idéaliste, en prenant en compte également les inconvénients.

Pour aller plus loin : évitez le piège de la comparaison sociale

Dans son livre *Qu'est-ce qui nous rend vraiment heureux ?*, Sonja Lyubomirsky relate une série de tests qui montrent que les personnes les plus sensibles à la comparaison sociale sont moins heureuses que les autres.

Pour évaluer l'intérêt d'un poste, il est plus pertinent de le comparer à ceux que nous avons occupés par le passé qu'à celui de notre copain de promo.

Il y aura toujours sur votre route des personnes promptes à souligner les succès de vos pairs... Passez votre chemin et restez centré sur vos propres priorités.

47. Heureusement que vous tenez ce livre entre vos mains !
48. Par exemple, écrire un livre en parallèle de votre travail.

Adoptez un état d'esprit positif au travail

Le cerveau humain a tendance à se conformer à nos prédictions, comme l'a démontré le neuroscientifique Marcel Kinsbourne.

Dans une expérience, le personnel d'entretien de sept hôtels est scindé en deux groupes : un groupe témoin et un groupe test. On explique aux individus du groupe test que le nombre de calories brûlées au cours de leur journée de travail équivaut à un entraînement cardio. Après cette expérience, ce groupe obtient d'étonnants résultats par rapport au groupe témoin : perte de poids, baisse du taux de cholestérol, etc.

Non seulement notre état d'esprit influe sur la façon dont nous vivons une expérience, mais, de plus, il va jusqu'à en modifier les résultats. Notre satisfaction au travail ne dépend pas que des caractéristiques de celui-ci ; elle dépend avant tout de notre façon de prendre les choses.

Les tailleurs de pierres

Une célèbre fable attribuée à Charles Péguy illustre bien l'importance de l'état d'esprit dans l'appréciation que l'on a de son travail.

En se rendant à Chartres, il aperçoit sur le bord de la route un homme qui casse des cailloux à grands coups de maillet. Les gestes de l'homme sont empreints de rage, sa mine est sombre. Intrigué, Péguy s'arrête et demande :

« Que faites-vous, monsieur ?

– Vous voyez bien, lui répond l'homme, je casse des pierres. » Malheureux, le pauvre homme ajoute d'un ton amer : « J'ai mal au dos, j'ai soif, j'ai faim. Mais je n'ai trouvé que ce travail pénible et stupide. »

Un peu plus loin sur le chemin, notre voyageur aperçoit un autre homme qui casse, lui aussi, des cailloux. Mais son attitude semble un peu différente. Son visage est plus serein, et ses gestes plus harmonieux.

« Que faites-vous, monsieur ?, questionne une nouvelle fois Péguy.

– Je suis casseur de pierres. C'est un travail dur, vous savez, mais il me permet de nourrir ma femme et mes enfants. »

Reprenant son souffle, il esquisse un léger sourire et ajoute : « Et puis allons bon, je suis au grand air, il y a sans doute des situations pires que la mienne. »

Plus loin, Péguy rencontre un troisième casseur de pierres. Son attitude est totalement différente. Il affiche un franc sourire et il abat sa masse avec enthousiasme sur le tas de pierres. Pareille ardeur est belle à voir !

« Que faites-vous ? demande Péguy.

– Moi, répond l'homme, je bâtis une cathédrale ! »

Avant toute chose, il est important de bien garder à l'esprit que le job parfait n'existe pas. Même le métier de vos rêves, s'il existe, présente des inconvénients !

Si vous êtes très malheureux dans votre emploi, prenez le taureau par les cornes, peut-être est-ce le moment de concevoir un nouveau projet professionnel ? Sinon, nous vous proposons de réaliser l'exercice suivant.

Changez de perspectives sur votre travail

Imaginez que vous changez de travail et devez recruter votre remplaçant. Qu'allez-vous lui dire pour lui donner envie de prendre le poste ? Vous pouvez parler de l'activité en elle-même, de l'entreprise, de l'ambiance, des perspectives d'évolution, des conditions matérielles de travail, de la rémunération, des collègues, du sens de la mission, etc.

Même si tout ne correspond pas à vos attentes, il y a forcément des aspects de votre travail qui sont valorisables : par exemple, une rémunération un peu faible peut être compensée par une grande souplesse au niveau des horaires (et vice versa !).

Les avantages de mon travail	
•	•
•	•
•	•
•	•
•	•

Au-delà de cette approche rationnelle, nous vous invitons à explorer la dimension émotionnelle : si vous deviez changer d'emploi demain, qu'est-ce qui pourrait faire naître chez vous un sentiment de nostalgie ?

Si vous avez eu l'occasion d'assister à des pots de départ, vous avez probablement constaté que les personnes qui quittent un poste sont souvent submergées par une vague d'émotion au moment de partir vers de nouveaux horizons : même si elles ont vécu des choses difficiles, voire sont soulagées de partir, elles se remémorent ce que leur travail leur a apporté, en particulier les liens qu'elles ont pu nouer avec certains collègues. Libérées de la pression du quotidien, elles peuvent se départir des filtres négatifs qui obscurcissaient parfois leur regard.

Nous vous proposons donc de vous projeter à la veille de votre départ et d'imaginer le discours que vous rédigeriez pour rendre hommage à tous ceux qui vous ont apporté quelque chose : quelles émotions positives ressentez-vous ?

Idées à insérer dans mon discours de pot de départ	
•	•
•	•
•	•
•	•
•	•

Si vous êtes manager, donnez de la vision à vos collaborateurs en soulignant ce qu'ils apportent à l'équipe, à l'entreprise, aux clients, à la société. Ainsi, leur travail ne sera pas simplement constitué de tâches plus ou moins répétitives, ils auront conscience de faire partie d'un collectif, utile et porteur de sens.

L'ESSENTIEL DE CE CHAPITRE

- Cultiver l'optimisme nécessite de pratiquer régulièrement une gymnastique intellectuelle : pour cela, il faut commencer par s'entraîner à ressentir les émotions positives.
- Votre respiration est un atout précieux pour vous aider à gérer vos émotions. Aussi pouvez-vous pratiquer la cohérence cardiaque pendant 5 minutes, trois fois par jour.
- Pour vous sentir bien et générer des émotions positives, ressourcez-vous dans la nature en vous concentrant sur vos cinq sens… et en oubliant si possible votre téléphone portable !
- Pour ressentir les émotions positives, encore faut-il pouvoir les reconnaître et identifier ce qui les génère : à vos stylos afin de dresser votre liste personnelle. Et pour pouvoir ressentir encore leur bienfait, vous pouvez les consigner dans votre book d'émotions positives.
- En ce qui concerne le monde professionnel, réinterroger régulièrement vos priorités sans succomber à la tentation de vous comparer à autrui est indispensable pour identifier les émotions positives et leurs déterminants rationnels ou émotionnels.

CHAPITRE 8

CULTIVER LES ÉMOTIONS POSITIVES

« Ne jugez pas chaque journée par votre récolte, mais par les graines que vous avez plantées. »

Robert Louis Stevenson

Au programme

- Profitez du moment présent
- Boostez l'image que vous avez de vous-même !
- Les trois bonnes choses
- Ayez des projets

Profitez du moment présent

À part dans quelques circonstances très particulières, comme lorsque l'on subit une douleur physique ou une humiliation, il est très rare que l'instant que l'on est en train de vivre soit intrinsèquement désagréable. Généralement, la souffrance morale que l'on ressent à un instant donné provient du fait que l'on ne se situe pas dans le présent : soit on se remémore un souvenir douloureux, soit on se projette dans l'avenir en imaginant ce qui pourrait mal se passer.

Pourtant, au moment où ces émotions nous envahissent, nous sommes généralement dans une situation qui n'a rien d'inconfortable. Profiter du moment présent, c'est apprendre à savourer ce qui est en train de se passer plutôt que de se focaliser sur ce qui a été ou sera.

Êtes-vous, comme de nombreuses personnes, sujet au blues du dimanche soir ? Ce sentiment de malaise qui nous envahit à la pensée de la semaine qui recommence est généralement d'autant plus fort que le week-end a été bon. Et pourtant, au moment où le blues se manifeste, nous sommes souvent en train de vivre un moment intrinsèquement agréable (en train de prendre un bon repas, prêt à regarder un bon film, allongé dans un lit douillet, etc.).

Revenez à l'instant présent

Nous avons déjà illustré les possibilités offertes par l'autodistanciation (distraction, réfutation de la petite voix intérieure, explications alternatives).

Au-delà de ces démarches intellectuelles, lorsque vous faites face à des émotions négatives, focalisez-vous sur vos cinq sens et essayez de vous concentrer sur ce que vous ressentez là, ici et maintenant. Car seul l'instant présent existe réellement.

Il n'y a pas de technique « miracle » pour être toujours dans l'instant présent. En revanche, la simple prise de conscience de notre évasion dans le passé ou le futur nous offre la possibilité de revenir dans le présent et de le vivre pleinement.

Pour aller plus loin : la méditation de pleine conscience

Le principe même de la méditation de pleine conscience est d'être à 100 % dans le moment présent : conscientiser notre respiration, faire un scan mental de nos sensations corporelles (comment sommes-nous installés, que ressentons-nous dans chacun de nos membres, quels sont nos points d'appui, quelles odeurs, quels bruits, quelles lumières nous entourent ?).

La méditation est un outil extrêmement puissant, mais pas toujours facile d'accès. Pour vous y initier, vous pouvez par exemple vous laisser guider par le spécialiste français Christophe André, à l'aide de ses livres accompagnés de CD (*Méditer jour après jour*[49], *3 minutes à méditer*[50]) ou de l'application pour smartphone « Méditations avec Christophe André ».

Boostez l'image que vous avez de vous-même !

Si vous faites partie des chanceux qui ont toujours une image positive d'eux-mêmes, vous pouvez passer directement à l'exercice suivant.

Dans le cas contraire, n'attendez pas que ce sentiment vous soit insufflé par d'autres : vous pouvez vous-même agir !

Comme le dit l'adage populaire : « on a les défauts de ses qualités ». Lorsque l'on se juge soi-même, on peut donc voir avant tout l'un ou l'autre : suis-je « maniaque » ou « ordonné et méthodique » ?

Notre degré de bienveillance envers nous-même dépend initialement de notre personnalité, de notre éducation, de notre environnement, des circonstances… Mais nous avons la main pour le développer.

49. L'Iconoclaste, 2011.
50. L'Iconoclaste et France Culture, 2017.

Apprenez à jouer de toutes vos qualités

Prenez quelques minutes pour noter ici ce que vous considérez comme vos principales qualités, ainsi que des exemples concrets de situations dans lesquelles vous avez pu les exprimer.

Mes qualités	Illustrations

Notez à présent ce que vous considérez comme vos principaux défauts. Puis posez-vous les questions suivantes :

- Quelles sont les qualités sous-jacentes ?
- Que puis-je mettre en œuvre pour pallier ce défaut ou pour mieux l'accepter ?

Portées par la confiance mutuelle qui nous anime et persuadées que vous ferez preuve d'une ~~grande~~ immense bienveillance à notre égard, nous nous livrons ici à l'exercice avec notre principal défaut commun[51] :

- Nous sommes bavardes.
- Nos qualités sous-jacentes sont les suivantes : hypersociables et rigolotes.

Les actions palliatives que nous essayons de mettre en œuvre au quotidien : ne pas se vexer quand on nous le fait remarquer ; veiller à laisser un temps de parole aux autres, en particulier aux plus introvertis ; adopter une posture d'écoute active dès que nous en avons l'occasion.

Et pour mieux l'accepter : se dire que l'on ne parle pas pour ne rien dire, il y a généralement du fond dans nos paroles !

Mes défauts	Qualités sous-jacentes / actions

51. Nous en avons de bien pires, mais nous vous saurions gré de ne pas nous le faire remarquer. Merci.

Pour aller plus loin : pratiquez l'autofélicitation !

Dès que vous ressentez un brin de contentement après avoir accompli une tâche/corvée (aussi menue soit-elle), ne boudez pas votre plaisir : complimentez-vous avec emphase !

Depuis des semaines, votre courrier traînait sur la table du salon. Ce matin, vous vous êtes enfin attelé à tout ranger. Vous pouvez être fier de vous, alors verbalisez-le.

Vous venez de mettre la touche finale à un dossier et êtes content du résultat. Plutôt que d'enchaîner directement sur la lecture de vos mails, prenez le temps d'exprimer votre autosatisfaction, voire de la partager avec une personne bienveillante.

Les trois bonnes choses[52]

Notre cerveau est naturellement programmé pour ressasser les tracas. En revanche, du fait de l'habituation hédonique, il est nettement moins performant pour repérer, retenir et entretenir les petits plaisirs du quotidien.

Les conducteurs du lundi

Ce matin, vous vous rendez à pied à votre travail. Une voiture vous voit arriver de loin et s'arrête en vous faisant poliment signe de traverser. Vous remerciez le conducteur en vous disant qu'il est sympathique.

Une heure ou deux plus tard, vous remémorez-vous toujours cette scène avec émotion, ou est-elle automatiquement classée dans les non-événements de la journée ? Nous avons bien une petite idée de votre réponse.

Reprenons la même scène : cette fois, le conducteur accélère, manque de vous écraser et vous adresse un geste obscène. Quelle que soit l'émotion que vous éprouvez alors (colère, détresse, angoisse…), n'est-elle pas encore présente pendant quelques heures au moins ?

52. Le concept a été développé par plusieurs psychologues, en particulier Martin Seligman. L'ouvrage français le plus célèbre y faisant référence est *3 kifs par jour* de Florence Servan-Schreiber (Marabout, 2011).

Notre cerveau retient naturellement plus – et plus longtemps – les émotions négatives.

Mais ceci n'est pas une fatalité !

Positivez vos journées

Pour reprogrammer votre cerveau, voici un exercice qui ne vous prendra qu'une minute par jour.

Le principe est simple : il s'agit de se rappeler, le soir, trois bonnes choses qui vous sont arrivées durant la journée. À l'issue d'une bonne journée, l'exercice est bien évidemment facile. Mais là où il révèle sa richesse, c'est lorsque l'on réalise que, même après une très mauvaise journée, on peut toujours trouver au moins trois choses positives à se remémorer : un câlin, un bon repas, un fou rire, un petit feuilleton télévisé…

Si vous avez des enfants, nous vous conseillons fortement de faire cet exercice avec eux, par exemple pendant le dîner : non seulement vous les aiderez ainsi à relativiser leurs petits tracas et leur apprendrez à cultiver les émotions positives d'une manière très naturelle pour eux, mais en plus vous bénéficierez de leur inspiration. En effet, les enfants sont particulièrement doués pour se réjouir de toutes petites choses et ont beaucoup à nous (ré)apprendre en la matière.

Si vous avez du mal à vous endormir, il est également intéressant de vous livrer à l'exercice des trois bonnes choses en vous couchant : cela vous permet de vous focaliser sur des émotions positives et donc d'atténuer les tensions qui peuvent vous rester de votre journée.

Au-delà du bénéfice immédiat sur le moral, pratiquer au quotidien l'exercice des trois bonnes choses a l'immense mérite de nous entraîner à repérer et à cultiver les émotions positives. C'est ainsi qu'un changement s'opère en profondeur et que nous devenons progressivement plus optimistes et plus heureux.

Pour aller plus loin : pratiquez l'analyse causale

Si vous êtes prêt à y passer un peu plus qu'une minute par jour, vous pouvez augmenter encore le bénéfice des trois bonnes choses en vous posant les questions suivantes : pourquoi cette bonne chose m'est-elle arrivée ? Que puis-je faire pour que cela se reproduise ?

Vous pouvez également prendre l'habitude de tenir un journal de vos trois bonnes choses et le relire de temps en temps, par exemple lorsque vous avez le moral un peu en berne.

Ayez des projets

Les projets – qu'ils soient personnels, associatifs ou professionnels – nous donnent une raison d'être, un sentiment d'efficacité personnelle, du plaisir à la tâche, des occasions de créer des interactions sociales positives et d'apprendre de nouvelles choses…

Si l'aboutissement d'un projet est souvent l'occasion de se réjouir, c'est le chemin parcouru pour le mener à bien (ou pas !) qui est le plus grand générateur d'émotions positives.

Prenons, à titre d'illustration, l'écriture du livre que vous tenez entre les mains : chaque chapitre nous a remplies d'un sentiment fort de devoir accompli, nous avons renforcé nos compétences et connaissances, nous en avons discuté pendant des heures (toutes les deux, mais aussi avec nos proches), etc.

Même si, à l'heure où nous rédigeons ce livre, nous ne pouvons être certaines de l'issue (sera-t-il édité, lu et apprécié ?), nous savons tout ce que sa rédaction nous apporte à titre personnel : plutôt que de viser la ligne d'arrivée, nous prenons un réel plaisir à chaque étape.

Lancez-vous !

Plus concrètement, vous avez toujours eu envie de faire de votre hobby votre métier ? D'exposer vos tableaux ? De retaper une maison de campagne ? De construire une véranda et de revoir la décoration intérieure de votre salon ? Ou tout simplement d'apprendre l'espagnol ?

N'attendez plus pour vous lancer !

Plus facile à dire qu'à faire ? Vous imaginez les barrières qui se dressent devant vous et avez la tentation de baisser les bras ? Rappelez-vous notre chapitre sur les obstacles mentaux et identifiez les pensées parasites qui vous empêchent d'avancer.

Pour prendre du plaisir, il faut cerner vos peurs et les affronter : ne vous fixez pas un objectif final trop ambitieux mais visez de nombreuses petites réussites intermédiaires qui vous donneront l'envie d'aller toujours un peu plus loin.

L'important n'est peut-être pas de fonder une multinationale en trois semaines, ou de lire Federico García Lorca dans le texte…

Retenez que la confiance se construit à travers l'accumulation de petits succès. Il est donc particulièrement important de savoir fêter vos réussites : prenez vraiment le temps de savourer vos accomplissements (seul ou en bonne compagnie) avant de passer à autre chose.

Et surtout, n'hésitez pas à rêver vos projets ! Posez-vous la question : que pourrait-il m'arriver de formidable d'ici un an ? D'ici cinq ans ? D'ici dix ans ? Prenez le temps de répondre à cette question, de préférence par écrit, afin de pouvoir étoffer régulièrement cette réponse (vos envies d'aujourd'hui ne sont pas forcément vos envies de demain).

Ne vous limitez pas à ce qui vous semble réalisable à court terme : autorisez-vous à rêver, il vous sera plus facile de trouver les petits pas intermédiaires, à réaliser dès aujourd'hui… dans le moment présent !

Finissons ce chapitre sur une note poétique avec une citation d'Antoine de Saint-Exupéry qui illustre fort bien notre propos : « Faites de votre vie un rêve et, d'un rêve, une réalité. »

L'ESSENTIEL DE CE CHAPITRE

- **Profitez du moment présent en chassant les pensées négatives *via* l'autodistanciation et en vous concentrant sur vos cinq sens : pour se sentir vivant ici et maintenant, il suffit parfois simplement de prendre conscience des pensées qui nous parasitent. La méditation de pleine conscience, que nous vous conseillons, repose sur ce principe.**
- **Boostez l'image que vous avez de vous-même en identifiant vos qualités. Faites de même avec vos défauts, en formalisant les qualités sous-jacentes associées et les actions palliatives que vous pouvez mettre en œuvre.**
- **Reprogrammez votre cerveau pour développer votre aptitude à cultiver les émotions positives en vous livrant à l'exercice des trois bonnes choses quotidiennement.**
- **Lancez-vous dans des projets personnels, associatifs ou professionnels. Le chemin parcouru pour conduire vos projets est plus important que leur aboutissement car il génère des interactions et apprentissages sources d'émotions positives. Veillez toutefois à vous fixer des objectifs intermédiaires réalistes et à fêter tous vos succès, aussi petits soient-ils.**

CHAPITRE 9

PARTAGER ET PROPAGER LES ÉMOTIONS POSITIVES

« N'éprouver que ses propres émotions, c'est une triste limitation. »

André Gide

Au programme

- Gardez le sourire !
- Osez l'humour
- Ayez à vos côtés au moins une « personne ressource »
- Apprenez à ressentir et à exprimer votre gratitude
- Accomplissez consciemment des actes de bonté
- Communiquez avec bienveillance
- Managers, insufflez l'optimisme bienveillant par le haut
- Et surtout… faites votre part !

Gardez le sourire !

Votre langage et votre posture corporelle influencent votre état d'esprit, l'image que vous donnez et les réactions que vous suscitez chez les autres.

Adoptez donc la positive attitude de l'optimiste bienveillant : regardez vos interlocuteurs droit dans les yeux, gardez la tête haute et, surtout, souriez !

En effet, tout comme le fou rire, le sourire est extrêmement communicatif. Vous en doutez ? Faites une recherche sur Internet avec les deux mots « sourire communicatif » et regardez les photos correspondantes. Nous parions qu'au bout de quelques secondes, vous aurez le sourire vous aussi. Et si ça ne marche pas, réessayez avec les deux mots « sourire enfant », nous doublons la mise sur notre pari !

Souriez

En pratique, si vous n'avez pas naturellement le sourire aux lèvres, entraînez-vous. Commencez par sourire consciemment, plusieurs fois par jour, aux personnes avec lesquelles vous êtes en interaction : le collègue que vous saluez, le commerçant que vous remerciez, l'hôtesse à laquelle vous demandez un renseignement, mais aussi cette femme qui retient l'ascenseur en vous voyant arriver, cet homme qui vous tient la porte dans un centre commercial, cet adolescent qui ne se rue pas sur le dernier siège non occupé dans le métro.

N'ayez pas peur de ne pas être naturel et de forcer le trait, un sourire n'est jamais malvenu.

Vous observerez rapidement l'effet positif de cette attitude et serez sans doute heureux d'élargir votre champ d'action, en souriant sans raison particulière aux personnes dont vous croisez le regard. Rares sont celles qui ne vous rendront pas votre sourire.

Pour aller plus loin : les *power postures*

> Vous sentez le stress monter avant une intervention en public ?
>
> Adoptez la *posture du superhéros* pendant une minute : debout, jambes écartées à la largeur du bassin, torse en avant, mains sur les hanches, menton relevé... En adoptant cette posture de manière volontaire, vous modifiez votre sécrétion hormonale : votre production de testostérone augmente, tandis que celle de cortisol diminue (cette dernière étant très liée au stress). Résultat : le sentiment de peur reflue, tandis que votre confiance en vous augmente.
>
> 
>
> Et, surtout, dès le début de votre intervention, n'oubliez pas de sourire !

Osez l'humour

L'humour est un puissant facilitateur relationnel : il permet de créer de la connivence, donc de tisser du lien social, d'intégrer plus facilement un groupe et de développer l'esprit d'équipe.

De plus, il soulage les tensions et aide à prendre du recul face aux difficultés, voire à se sortir de situations embarrassantes.

L'humour, ce n'est pas seulement raconter des blagues, c'est avant tout savoir poser sur les choses un regard décalé... avec toujours suffisamment de bienveillance et d'empathie pour éviter d'être à côté de la plaque ou, pire, de blesser quelqu'un. Car sans bienveillance, on tombe facilement dans la moquerie, l'ironie ou le cynisme qui, eux, sont néfastes.

Si vous avez la chance d'être doté d'une repartie naturelle, faites-en profiter votre famille, vos amis, vos collègues, les personnes que vous croisez, dès qu'une occasion pertinente se présente (car il ne s'agit pas non plus de plaisanter tout le temps) !

Et si vous n'osez pas trop être proactif, *a minima*, encouragez ceux qui osent l'humour en riant de bon cœur.

Libérez l'humoriste qui sommeille en vous

Menez la vie dure au préjugé selon lequel « l'entreprise est un monde sérieux ; pratiquer l'humour, c'est courir le risque de se décrédibiliser ».

Quelle que soit votre activité professionnelle, identifiez quelques situations dans lesquelles l'humour serait un outil particulièrement efficace et pertinent... et lancez-vous au moins une fois.

Pour vous y aider, voici quelques exemples :

- prise de parole en public : pour démarrer, capter l'attention sur un point précis, marquer les esprits... ;
- conflit : faire retomber la tension dans des discussions animées, dédramatiser, apaiser... ;
- réunion d'équipe : créer de la cohésion, souder l'équipe, positiver, motiver... ;
- séquence de créativité : se détendre pour faire émerger de nouvelles idées, développer l'imaginaire, sortir du cadre... ;
- retrouvailles : recréer instantanément un climat de complicité.

Pour aller plus loin : vive l'autodérision !

> **Pratiquer l'autodérision est une façon d'assumer une situation de prime abord défavorable, sans se dévaloriser : rire de ses défauts est une manière de montrer qu'ils ne constituent pas une gêne et de prôner la bonne humeur.**
>
> **Là encore, n'oubliez pas la bienveillance... cette fois, envers vous-même !**

Ayez à vos côtés au moins une « personne ressource »

Abraham Maslow est un psychologue américain, considéré comme le père de l'approche humaniste. Sa célèbre « pyramide des besoins » schématise sa théorie de la motivation, selon laquelle tout être humain cherche à satisfaire chaque besoin d'un niveau donné avant de passer au besoin suivant :

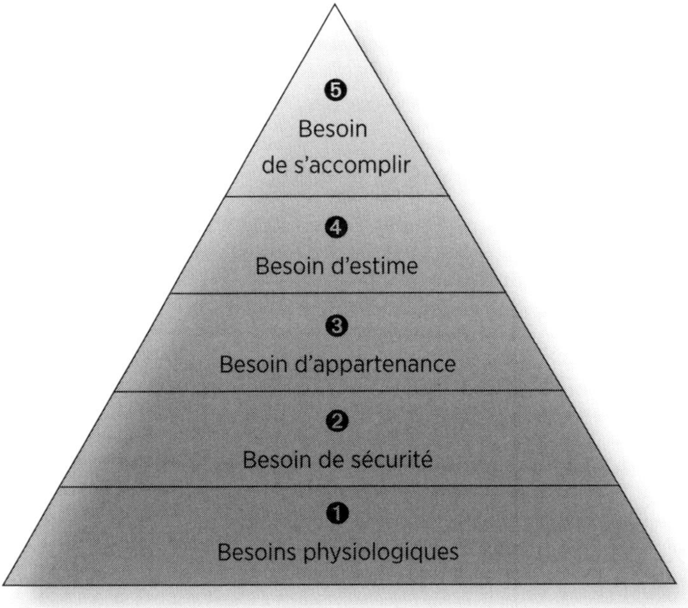

Notre besoin d'appartenance à un groupe se situe au troisième niveau : il est essentiel car il puise ses sources dans l'histoire du genre humain, lorsqu'il était nécessaire de vivre à plusieurs pour se défendre, chasser, etc.

S'il est aujourd'hui matériellement possible de vivre avec un minimum de « vrais » contacts sociaux, le soutien de nos pairs reste un allié important pour affronter le stress et les épreuves.

S'épancher auprès d'un proche permet en particulier de purger les sentiments qui nous pèsent (phénomène de catharsis) et de bénéficier d'un regard extérieur, qui nous aide à prendre du recul. Ainsi, une expérience[53] conduite avec des volontaires qui se tenaient au pied d'une colline, seuls ou avec un ami, a montré que ceux qui étaient accompagnés d'un ami (de préférence proche) estimaient la colline moins abrupte que les autres.

53. Expérience citée par Sonja Lyubomirsky dans *Qu'est-ce qui nous rend vraiment heureux ?*, repris de Simone Schnall *et al.*, « Social Support and the Perception of Geographical Slant », art. cit.

Trouvez vos personnes ressource

Il est donc important d'identifier une ou plusieurs personnes auxquelles vous pouvez vous adresser lorsque vous avez besoin de soutien. Ces « personnes ressources » sauront vous écouter, sans jugements hâtifs ni conseils simplistes, pour vous aider à remonter la pente. Elles vous aideront à prendre du recul et à ne pas sombrer dans l'autodépréciation.

Il peut s'agir d'un partenaire de vie, d'un parent, d'un ami, d'un frère, d'une cousine, d'un enfant (suffisamment âgé pour endosser ce rôle en pleine conscience)...

Prenez quelques instants pour identifier vos « personnes ressources » et, pourquoi pas, pour les remercier de remplir ce rôle auprès de vous.

Deux personnes ressources pour écrire un livre

C'est par le travail que nous nous sommes rencontrées toutes les deux, dans un premier temps lors de réunions et de moments de convivialité. Mais ce qui nous a vraiment rapprochées, ce sont les petites épreuves de notre quotidien professionnel : une déconvenue sur un dossier, une surcharge de travail un jour de grande fatigue, des propos malvenus d'un collègue... Nous avons rapidement réalisé qu'il suffisait de partager ces petits soucis pour qu'ils s'envolent et laissent la place à de bien plus nombreux plaisirs professionnels.

Progressivement, nous avons atteint un stade de confiance mutuelle qui nous a permis de nous soutenir également face à des soucis plus personnels.

Un jour, nous avons réalisé que nous étions devenues personne ressource l'une pour l'autre... C'est à ce moment-là que nous avons décidé d'écrire un livre ensemble !

Nous avons conscience de la chance que nous avons de nous être trouvées car, comme le résumait l'un de nos enfants : « Vous êtes vraiment de bonnes amies l'une pour l'autre. »

Apprenez à ressentir et à exprimer votre gratitude

Dans son livre *Comment être heureux et le rester*, Sonja Lyubomirsky affirme, études à l'appui, qu'« exprimer sa gratitude est la stratégie par excellence pour atteindre le bonheur ».

À titre personnel, exprimer de la reconnaissance permet non seulement de renforcer la mémorisation et l'intensité d'un événement positif, mais également de mieux prendre conscience de l'importance que nous avons pour ceux qui nous entourent.

Et le bénéfice est double, car la personne qui fait l'objet de cette reconnaissance va bien évidemment se sentir valorisée, voire reconnaissante à son tour !

La gratitude est un sentiment que l'on peut ressentir dans bien des circonstances : lorsqu'une personne nous vient en aide, bien sûr, mais également de manière plus générale, lorsque l'on prend conscience de la chance que l'on a.

Ressentir et exprimer la gratitude, c'est savoir profiter de tout ce qui s'offre à nous, à commencer par la vie elle-même… et en faire profiter les gens qui nous entourent. Bref, le must de l'optimiste bienveillant !

Ressentir et exprimer de la gratitude vous permettra de lutter contre l'habituation hédonique, en appréciant les petites choses et en ne considérant pas que ce qui vous arrive de positif est acquis. Les impacts positifs sur votre moral ne tarderont pas à se faire sentir.

Exemple

Après une dure journée de travail, Agnès se sent reconnaissante pour ce lit bien douillet dans lequel elle se couche.

Cela vous aidera également à enrichir vos liens sociaux : famille, amis, collègues, relations…, tous apprécieront que vous verbalisiez ce qu'ils vous apportent et vous en seront à leur tour reconnaissants. C'est ainsi que se créera autour de vous une spirale positive.

Exemple

Alors qu'une forte fièvre le cloue au lit depuis deux jours, Thomas se sent reconnaissant envers un collègue qui prend de ses nouvelles par SMS. Malgré sa fatigue, il lui écrit pour le remercier, lui faisant ainsi très plaisir.

Cette attitude augmentera votre estime de vous. En effet, vous prendrez conscience de ce que les autres font pour vous. S'ils se donnent du mal, c'est bien parce que vous le méritez ! Vous apprendrez même à positiver vos déconvenues, qui permettront aux autres de vous venir en aide.

Exemple

Alors que Stéphanie s'est fait réprimander par son entraîneur de basket après avoir raté tous ses lancers francs pendant un match, elle est reconnaissante envers sa coéquipière qui lui fait remarquer qu'elle a vraiment bien défendu tout au long du match, empêchant l'adversaire de marquer plusieurs paniers.

Enfin, la gratitude vous permettra de lutter contre bien des émotions négatives, que tout optimiste bienveillant qui se respecte cherche à éviter (tout en acceptant de les ressentir le cas échéant) : envie, colère, jalousie, amertume…

Exemple

Alors que Julien se retrouve célibataire à un mois du mariage de son jeune frère, il apprécie que ce dernier passe un samedi entier à l'aider dans son déménagement.

En pratique, commencez par énumérer les principales choses pour lesquelles vous vous sentez reconnaissant : santé, famille, travail, confort matériel, amis, etc.

Élargissez ensuite à des choses moins génériques : une fête réussie, un sympathique déjeuner entre collègues, un livre captivant, un film hilarant...

Puis pensez à ces toutes petites choses que vous ne remarquez pas suffisamment et dont votre quotidien est pourtant rempli : la courtoisie d'un commerçant, un bon morceau de fromage, une musique agréable, le sourire d'un inconnu...

Remerciez la vie

Nous ne saurions trop vous conseiller de pratiquer l'exercice suivant une fois par semaine[54] : remerciez la vie pour cinq choses, en veillant bien sûr à varier d'une séance à l'autre (ce qui vous permettra d'aller chercher au-delà des quelques évidences par lesquelles vous commencerez probablement). Si vous pratiquez cet exercice à plusieurs (ce que nous vous recommandons de faire si vous le pouvez), en famille par exemple, il est important que chacun exprime ses cinq remerciements sans interruption : les commentaires viendront quand tout le monde aura fini.

Surtout, n'oubliez pas d'exprimer votre gratitude aux personnes concernées, de manière plus personnalisée qu'un simple « merci » (qui, soit dit en passant, vaut toujours mieux que rien).

Et, si vous réalisez un peu tard que vous n'avez pas suffisamment remercié quelqu'un, plutôt que de vous flageller, faites-le *a posteriori* : ne craignez pas que votre remerciement tombe comme un cheveu sur la soupe, nous l'avons testé et garantissons que vous serez très bien accueilli.

54. Plusieurs études ont montré qu'environ une fois par semaine est le bon rythme : suffisant pour créer une habitude, mais pas excessif, au risque de lasser.

Pour aller plus loin : la « visite de gratitude » prescrite par Martin Seligman[55]

Écrivez une lettre de remerciement à la personne de votre choix, en décrivant précisément ce qu'elle a fait pour vous et comment cela a influencé votre vie.

Puis prenez rendez-vous avec elle (sans lui préciser la vraie raison de cette rencontre) et lisez-lui votre lettre. Discutez ensuite des émotions que vous ressentez l'un et l'autre.

Accomplissez consciemment des actes de bonté

Dans la première partie de ce livre, nous avons exposé les dernières recherches scientifiques qui démontrent que faire du bien aux autres nous fait du bien à nous-même.

Concrètement, il y a mille et une façons d'accomplir des actes de bonté, mais tout autant de passer à côté. Prenez conscience de ces occasions et saisissez-les !

Une vieille dame en détresse

Comme chaque matin, Paul se rend à son travail au milieu de gens qui traversent à toute vitesse l'esplanade de la Défense. Mais, aujourd'hui, son attention est attirée par une dame âgée, qui semble totalement perdue et laisse échapper un timide « Mais pourquoi personne ne me répond ? ». Ce jour-là, Paul s'arrête, la renseigne et récolte des remerciements et même une bise sur les deux joues. Touché, il en parle à son entourage et sensibilise ses proches.

Comment, dans une société civilisée, peut-on en arriver à ce que des centaines de personnes ignorent une vieille dame en détresse ? Le stress, la pression du temps qui file, la peur de l'inconnu… Nous sommes tous, à des degrés différents, victimes

55. Martin Seligman, *S'épanouir*, *op. cit.*

de ces facteurs qui freinent notre tendance pourtant naturelle à nous entraider les uns les autres.

Et pourtant, accomplir des actes de bonté permet d'initier un cercle vertueux : au-delà de l'aide apportée à une personne en difficulté, cela renforce notre estime de nous et crée du lien social. Nous en retirons un sentiment de satisfaction personnelle qui nous pousse ensuite à être encore plus attentif aux autres.

Faites le bien autour de vous

Faites une bonne action supplémentaire une fois par semaine[56] !
Commencez par identifier les bonnes actions que vous pourriez réaliser, en veillant à ce qu'elles ne fassent pas déjà partie de vos habitudes et soient suffisamment variées pour ne pas créer de lassitude.
Une fois par semaine, accomplissez une de ces actions… de nouvelles idées vous viendront au fur et à mesure.

Pour aller plus loin : engagez-vous

L'optimiste agit ! Pensez votre vie et vivez votre pensée : engagez-vous non seulement dans des projets, mais aussi dans les causes auxquelles vous croyez.

Lutte contre la pauvreté et l'exclusion, soutien scolaire, protection de l'environnement… À vous d'identifier ce qui vous touche le plus, en gardant à l'esprit qu'il y a de nombreuses façons de s'engager. Nul n'est obligé de devenir une mère Teresa pour être engagé dans une action utile.

Ainsi, vous agirez au lieu de vous contenter de subir et vous serez porté par un collectif bienveillant !

Communiquez avec bienveillance

Nous avons, à plusieurs reprises, souligné l'importance de la relation à l'autre pour cultiver l'optimisme bienveillant. Afin de préserver la qualité de la relation, il est important de savoir

56. Rythme préconisé à la suite des études réalisées par Sonja Lyubomirsky (*Comment être heureux et le rester*).

exprimer ce que l'on a sur le cœur, d'une façon que l'autre peut entendre.

Outil puissant pour dénouer les conflits, la communication non violente® (CNV), théorisée par Marshall B. Rosenberg[57], est un « moyen d'établir une communication empathique avec soi-même et avec les autres ».

La CNV repose notamment sur l'idée générale qu'un sentiment négatif n'est autre que le reflet d'un besoin non assouvi. C'est donc en verbalisant ce besoin et les émotions qui y sont associées, de manière aussi factuelle et dénuée de jugement que possible, que nous pouvons établir un vrai dialogue.

Si les concepts de la CNV sont relativement simples à comprendre, il faut de l'entraînement pour la maîtriser, tant son acquisition ressemble à celle d'une langue étrangère.

La CNV propose de fonctionner en quatre temps :

1. observer sans juger : il s'agit ici d'une phase introspective, qui permet d'exprimer ce qui dérange, *sans jugement ni interprétation* ;
2. exprimer ses sentiments ;
3. identifier ses besoins ;
4. formuler une demande claire et précise qui :
    a. s'adresse à quelqu'un en particulier,
    b. concerne l'instant présent,
    c. est concrète,
    d. est réalisable,
    e. laisse le choix à l'interlocuteur.

57. Voir en particulier : Marshall B. Rosenberg, *Les Mots sont des fenêtres (ou bien ce sont des murs)*, La Découverte, 2016 ; *Dénouer les conflits par la Communication Non Violente, Entretiens avec Gabriele Seils*, Jouvence, 2006.

Une mise au point bienveillante

Après les retours distincts de plusieurs personnes, Véronique comprend qu'un de ses collègues la critique ouvertement.

Véronique est à la fois blessée et en colère. Dans un premier temps, elle hésite entre faire comme si de rien n'était et confronter ouvertement son collègue.

Après en avoir discuté avec son coach, Véronique réalise qu'elle tient à préserver une relation cordiale avec son collègue. Voici donc la façon dont elle aborde le sujet avec lui :

« J'ai appris, de plusieurs personnes, qu'il t'est arrivé de dire que je n'allais pas au fond de mes sujets de travail. Je suis surprise de ce retour, qui me semble injuste et me met mal à l'aise car il est important pour moi d'avoir une relation de confiance avec toi.

Je suis tout à fait prête à entendre tes suggestions, et je te propose donc :

- Premièrement, de discuter tout de suite des éléments concrets qui te donnent l'impression que je ne vais pas au fond des dossiers.
- À l'avenir, notamment pour les deux dossiers que nous avons en commun, de se dire mutuellement les choses au fil de l'eau, en veillant à ne pas formuler à d'autres une critique que nous ne saurions pas nous dire en face.

Est-ce que cela te convient ? »

Pratiquez la communication non violente®

Nous vous proposons de mettre cette méthode en pratique dès maintenant avec ce petit entraînement :

Phase 1 : Observez sans juger

Transformez ces interprétations en fait :

1. Le salon ressemble à une porcherie → devient →

   ....

2. Tu râles tout le temps → devient →

   ....

3. J'en ai marre que tu fasses mal à ton petit frère → devient →

   ....

4. Tu ne rends jamais tes dossiers dans les temps → devient →

. . . .

Pensez à votre langage corporel, qui doit être en cohérence avec vos propos, et donc ne pas traduire de jugement (évitez par exemple de froncer les sourcils, de lever les yeux au ciel, de soupirer…).

Nos exemples de propositions de réponses :

1. *Le salon ressemble à une porcherie → devient → « Tes affaires traînent par terre dans le salon et il y a des miettes sur le canapé. »*
2. *Tu râles tout le temps → devient → « Cela fait deux fois aujourd'hui que tu dis que "rien ne va". »*
3. *J'en ai marre que tu fasses mal à ton petit frère → devient → « Hier, tu as mordu Achille et aujourd'hui tu l'as griffé à la joue. »*
4. *Tu ne rends jamais tes dossiers dans les temps → devient → « Le mois dernier, tu as envoyé le dossier "analyse d'impacts" avec deux semaines de retard par rapport à la date convenue. Et là, nous sommes vendredi et tu ne m'as pas transmis le bilan hebdomadaire de la semaine dernière. »*

Phases 2 et 3 : Identifiez vos sentiments et exprimez vos besoins

Derrière un sentiment, il y a toujours un besoin, nous vous proposons donc de regrouper ces deux étapes pour la mise en pratique.

Reprenez les quatre exemples précédents, identifiez les sentiments que vous pourriez ressentir dans la situation décrite et le besoin non assouvi associé. Exprimez-vous.

1. . . . .
. . . .
2. . . . .
. . . .
3. . . . .
. . . .
4. . . . .
. . . .
5. . . . .
. . . .

Rappelez-vous que les autres ne sont pas responsables de vos sentiments, pensez donc à employer le « je ».

Nos exemples de propositions de réponses :

1. *Je suis en colère quand je vois le salon dans cet état car j'ai besoin d'ordre et de propreté pour me sentir bien à la maison.*
2. *Je me sens frustré car j'ai besoin de mieux comprendre ce qui ne va pas pour toi, pour déterminer si je peux y faire quelque chose.*
3. *Je suis triste car j'ai besoin de ressentir de l'amour au sein de notre famille.*
4. *Je me sens stressé car j'ai besoin de maîtriser les délais dans mon travail.*

Phase 4 : Adressez vos demandes

Reprenez les quatre exemples précédents et écrivez la demande que vous formuleriez spontanément :

1. ....
   ....
2. ....
   ....
3. ....
   ....
4. ....
   ....

Passez vos réponses au crible de la CNV :

- La demande s'adresse-t-elle à quelqu'un en particulier ?
- Concerne-t-elle l'instant présent ?
- Est-elle concrète ?
- Est-elle réalisable ?
- Laisse-t-elle le choix à l'interlocuteur ?

Nos exemples de propositions de réponses :

1. *Veux-tu bien, s'il te plaît, ramasser tes affaires et aspirer les miettes avant le dîner ?*
2. *Je te propose qu'une fois que nous aurons couché les enfants, nous prenions un moment pour discuter tous les deux de ce qui ne va pas. Est-ce que tu es d'accord ?*

3. *La prochaine fois que tu seras très en colère contre Achille, je te propose de venir m'en parler pour que nous trouvions ensemble la façon de le gérer. Qu'en penses-tu ?*
4. *Concernant le prochain dossier « maîtrise des risques », serais-tu d'accord pour t'engager à me l'adresser au plus tard la veille de la deadline, à savoir le 15 octobre ?*

Pour aller plus loin : ces mots qui génèrent des maux

Essayez de réduire au maximum l'emploi de termes qui créent des généralités négatives, des injonctions ou des jugements, comme « il faut... », « tu dois... », « tu n'es *jamais* », « tu dis *toujours*... », etc.

Managers, insufflez l'optimisme bienveillant par le haut

La plupart d'entre nous passent une bonne partie de leur vie au travail. Nous sommes tous désireux d'y être le plus sereins possible.

Le rôle du leader est alors essentiel : s'il ne peut à lui seul garantir que tous les membres d'un collectif adoptent individuellement des postures positives et constructives, il peut instaurer un climat favorisant le développement de l'optimisme bienveillant. Le phénomène de contagion est d'autant plus puissant qu'il vient d'en haut.

Comme nous l'avons vu dans la première partie de ce livre, il a été démontré que les équipes les plus performantes sont celles au sein desquelles les interactions positives sont au moins trois fois plus nombreuses que les interactions négatives (ratio de Losada).

Une des qualités d'un leader est de savoir souligner, au quotidien, les forces de ses collaborateurs, et de les aider à développer leur potentiel en travaillant sur leurs faiblesses. Au-delà de ses propres expressions, il instaure cela comme une véritable hygiène de vie au sein de l'équipe : chacun est encouragé à s'exprimer de manière positive, à soutenir et à valoriser ses collègues, à souligner ce qui va bien (dans son travail, au sein de l'équipe, dans l'entreprise…).

Attention, il ne s'agit pas d'occulter ce qui ne va pas : l'optimisme, c'est aussi penser que l'on peut améliorer les choses !

Le ratio de Losada s'entend à différentes échelles de temps : si vous soulignez régulièrement les qualités d'un collaborateur, vous n'êtes pas obligé de tourner autour du pot avant de lui dire clairement que quelque chose ne vous convient pas. En revanche, ce n'est pas parce que vous avez été dithyrambique pendant son entretien annuel que vous pouvez vous dispenser de paroles appréciatives jusqu'à l'année suivante.

L'optimiste bienveillant ne donne pas non plus dans la langue de bois. Si le contexte au sein de l'entreprise n'est pas tout rose (restructuration, difficultés financières, perte de parts de marché…), le rôle du leader est de trouver un juste milieu entre catastrophisme et déni : expliquer la situation aux équipes et les rassurer sur les actions mises en œuvre par la direction, tout en donnant du sens et de la vision sur leur rôle et leurs leviers d'action respectifs. Convaincre les salariés de leur importance pour l'entreprise permet de les impliquer : l'engagement qui en résulte est une arme redoutable pour augmenter la productivité et, en particulier, lutter contre l'absentéisme.

La plupart des exercices que nous avons vus dans les chapitres précédents peuvent être adaptés facilement au milieu professionnel.

L'exercice des trois bonnes choses adapté au monde du travail

Éric, superviseur dans un centre d'appels, doit gérer au quotidien des conseillers qui se plaignent d'avoir au bout du fil des clients désagréables. Afin d'inciter ses collaborateurs à se focaliser sur les aspects plus plaisants de leur métier, il leur met à disposition un mur entier, sur lequel ils peuvent coller un Post-it à chaque fois qu'ils ont une interaction particulièrement positive avec un client.

Le mur se remplit, d'abord timidement, puis de plus en plus vite : les conseillers portent alors un regard plus objectif sur leur activité, et c'est finalement le centre d'appels tout entier qui se laisse gagner par ce souffle d'énergie positive.

Managez avec optimisme et bienveillance

Voici des actions et postures qui vous permettront d'insuffler l'optimisme bienveillant au quotidien. La liste n'est pas exhaustive, n'hésitez pas à l'enrichir de vos propres idées…

Accueillir :

Prenez le temps de dire bonjour le matin. Si vos équipes sont regroupées géographiquement, pourquoi ne pas éviter d'organiser des réunions aux aurores le lundi et plutôt en profiter pour passer les saluer et échanger quelques propos informels (il ne s'agit pas de leur faire la liste des dossiers pour lesquels vous attendez un retour rapide !) ?

Lorsqu'un nouvel arrivant rejoint votre équipe, accueillez-le dignement, puis donnez-lui l'occasion de faire connaissance avec les équipes voisines en le présentant officiellement.

Écouter :

Être à l'écoute, c'est être présent à la fois physiquement et mentalement. Lorsqu'un collaborateur vient dans votre bureau, si vous êtes occupé par une tâche que vous ne souhaitez pas interrompre, dites-le-lui clairement, soit en lui demandant de patienter deux minutes, soit en lui indiquant quand il peut repasser. Si, à l'inverse, vous décidez de l'écouter, interrompez pour de bon ce que vous étiez en train de faire : même si vous pensez pouvoir continuer à traiter vos mails en parallèle, le message que vous lui enverriez serait très différent. Être attentif aux autres, c'est déjà bien… le leur montrer, c'est encore mieux !

Encourager :

Adaptez la nature de vos encouragements aux circonstances et au profil de ceux à qui ils sont destinés.

Un simple « je suis sûr que tu vas y arriver » peut suffire à rebooster un collaborateur qui a une petite baisse de régime, mais sera plus anxiogène qu'autre chose si vous l'adressez, en conclusion d'entretien, à un collaborateur qui vient de passer une demi-heure à vous faire la liste des difficultés qu'il rencontre. Dans ce dernier cas, pour l'encourager de manière constructive, il vous faudra prendre le temps de l'aider à trouver ses propres solutions.

Soutenir :

Que vos collaborateurs rencontrent des soucis professionnels ou personnels, la clef d'un soutien efficace est de trouver un juste positionnement, qui vous permette d'être à leurs côtés tout en restant « à votre place » de manager.

Mettez à profit les conseils de ce livre pour les aider à prendre du recul, à relativiser leurs déconvenues, à s'octroyer le droit à l'erreur (en le leur octroyant vous-même)… et à accepter leurs émotions négatives lorsqu'ils ne peuvent y échapper.

Attention, il est des situations dans lesquelles vous ne pourrez pas assurer seul le soutien d'un collaborateur. Si vous sentez que l'un d'eux est dans une situation critique, orientez-le vers une personne compétente (comme le médecin du travail ou une assistante sociale), ou invitez-le à chercher de l'aide auprès d'un professionnel de santé.

Communiquer :

Nous avons abordé la communication non violente® au chapitre précédent ; celle-ci a toute sa place dans le milieu professionnel.

De nombreux outils existent pour améliorer la communication au sein des équipes (citons notre préféré avec la CNV, la Process Communication[58]) : n'hésitez pas à inscrire vos collaborateurs à des journées de formation ou à organiser des ateliers internes.

Remercier :

Remerciez régulièrement vos collaborateurs, en allant au-delà du simple « merci » : donnez du corps à votre propos, en illustrant de manière concrète les raisons de votre gratitude dans ce contexte précis.

Exemple : Je te remercie d'avoir accepté de me remplacer au pied levé à cette réunion. J'ai bien conscience que tu as dû, pour cela, réorganiser ta matinée de travail.

58. La Process Communication est un outil qui permet de mieux comprendre sa propre personnalité et celle des autres, afin de développer de meilleures aptitudes en matière de communication.

Féliciter :
Félicitez les personnes avec lesquelles vous travaillez (pas seulement celles que vous managez) chaque fois que cela vous semble mérité, en veillant à ce que cela reste naturel : il ne s'agit pas de se forcer à émettre des compliments qui ne seraient pas sincères, mais de prendre conscience des pensées positives que nous avons les uns à l'égard des autres, et de les oraliser.

Répondre à un mail par de brèves félicitations est, par exemple, une bonne façon de mettre un peu de dynamisme dans le processus parfois fastidieux de « dépilage » de sa messagerie.

Célébrer :
Lorsque votre équipe obtient un succès, qu'il soit individuel ou collectif, marquez le coup. Les moyens que vous pouvez y consacrer dépendent toujours de l'ampleur du succès, n'hésitez pas à jouer sur toute la gamme : que vous invitiez toute l'équipe au restaurant pour l'aboutissement d'un projet majeur, ou que vous apportiez simplement une boîte de chocolats à partager en réunion pour votre anniversaire, l'important est de saisir toutes les opportunités de se réjouir ensemble.

Célébrez également les départs : savoir dire au revoir et souhaiter bonne route pour la suite, c'est important pour ceux qui restent.

Pour aller plus loin : des *feed-forward* plutôt que des *feed-back*

Tout manager qui se respecte connaît l'importance des *feed-back* réguliers : donner de la visibilité aux collaborateurs sur les effets qu'ils produisent (par leurs actions, leurs postures, etc.), c'est à la fois les valoriser pour ce qu'ils font bien et les aider à progresser sur ce qu'ils font moins bien.

Moins connu (sauf des coachs !), le *feed-forward* regarde vers l'avenir au lieu de faire un retour d'expérience du passé. Il s'agit d'ouvrir le champ de l'autre, en lui faisant une suggestion constructive et concrète, qu'il sera libre de suivre ou pas. Il n'y a pas de jugement de valeur, car ce qu'on lui propose n'est pas forcément mieux que ce qu'il fait aujourd'hui, c'est juste différent.

Imaginons par exemple que Sophie reste souvent en retrait lors des réunions d'équipe. Un *feed-back* classique donnerait quelque chose comme : « Je trouve que tu ne prends pas assez la parole lors de nos réunions d'équipe et je souhaiterais que tu essayes de le faire plus souvent. » Un *feed-forward* pourrait être : « À la prochaine réunion d'équipe, je chargerai Marc de faire un compte-rendu et, si tu es d'accord, je te propose de ne prendre aucune note. Cela te permettra de te focaliser sur les échanges verbaux et d'y participer plus si tu le souhaites. »

Et surtout… faites votre part !

Nous espérons que vous avez trouvé dans cet ouvrage les clefs pour devenir (encore plus) optimiste et bienveillant.

Vous êtes à présent libre d'en faire ce que bon vous semble. Il est possible que la tâche vous paraisse ardue. C'est pourquoi nous souhaitons vous faire partager la légende amérindienne du colibri, contée par Pierre Rabhi[59].

La légende du colibri

Un jour, un immense incendie se déclencha dans une forêt. Tandis que tous les animaux regardaient le désastre, impuissants et terrifiés, seul un petit colibri faisait sans relâche des allers-retours à la rivière, pour transporter dans son bec de minuscules gouttes d'eau qu'il déversait sur les flammes. Agacé, un tatou lui demanda pourquoi il s'agitait autant, alors qu'il ne pouvait pas éteindre le feu. Le colibri lui répondit alors : « Je sais, mais je fais ma part. »

À vous de jouer !

Nous pouvons tous être ce petit colibri : même si cela n'est pas toujours facile, même si l'on peut avoir le sentiment que l'on n'en fait pas assez. À vous de jouer : faites votre part, à travers de petits gestes quotidiens, en acceptant de vous tromper parfois, de demeurer imparfait toujours.

59. Essayiste, romancier, poète et agriculteur bio, fondateur du mouvement Colibris.

Pour aller plus loin : définissez dès à présent votre part

	Ce n'est pas pour moi	Je garde cela pour plus tard	Je le fais déjà	Je mets en œuvre de suite
Pratiquer la cohérence cardiaque quotidiennement	☐	☐	☐	☐
Me ressourcer dans la nature chaque semaine	☐	☐	☐	☐
Faire une détox numérique	☐	☐	☐	☐
Identifier mes ressorts du bonheur	☐	☐	☐	☐
Créer mon book des émotions positives	☐	☐	☐	☐
Adopter un état d'esprit positif au travail	☐	☐	☐	☐
Travailler la vision que j'ai de mon travail et de celui de mes collaborateurs	☐	☐	☐	☐
M'attacher à profiter du moment présent	☐	☐	☐	☐
Pratiquer la méditation de pleine conscience	☐	☐	☐	☐
Booster mon image en identifiant mes différentes qualités	☐	☐	☐	☐
M'autoféliciter régulièrement	☐	☐	☐	☐
Me lancer dans un projet qui me tient à cœur	☐	☐	☐	☐
M'autoriser à rêver ma vie à différents horizons de temps	☐	☐	☐	☐
Garder le sourire	☐	☐	☐	☐
Utiliser les *power postures*	☐	☐	☐	☐

Oser l'humour et l'autodérision	☐	☐	☐	☐
Trouver ma personne ressource	☐	☐	☐	☐
Accomplir consciemment des actes de bonté	☐	☐	☐	☐
Exprimer sa gratitude	☐	☐	☐	☐
Écrire une lettre de gratitude	☐	☐	☐	☐
Remercier la vie	☐	☐	☐	☐
Pratiquer la communication non violente®	☐	☐	☐	☐
Autres :	☐	☐	☐	☐

Mais aussi, faites-nous partager vos réflexions, anecdotes et autres actions.

Pour cela, contactez-nous *via* nos sites Internet, nous vous répondrons avec grand plaisir :

http://www.delphineluginbuhl.com/me-contacter.html

http://www.pennelup.com/contact.html

L'ESSENTIEL DE CE CHAPITRE

- Pour propager l'optimisme, commencez par adopter une posture positive en souriant à vos interlocuteurs, quels qu'ils soient. La posture est importante car, d'une part elle envoie aux autres une certaine image de vous, d'autre part elle impacte la perception que vous avez de vous-même.
- En complément de votre posture, misez sur votre attitude et utilisez l'humour (toujours avec bienveillance), notamment pour détendre l'atmosphère.
- Identifiez *a minima* une personne empathique et bienveillante que vous pourrez solliciter quand vous vous sentirez submergé par vos émotions : c'est votre « personne ressource ».
- La gratitude est un sentiment qui permet de lutter contre l'habituation hédonique, dans la mesure où il permet d'identifier des choses positives qui vous arrivent, tout en prenant conscience de la valeur que vous avez pour d'autres personnes. En exprimant votre gratitude à autrui, vous enrichissez vos liens sociaux et augmentez votre estime de vous.
- Plus largement, employez-vous à remercier la vie pour toutes les bonnes choses qu'elle vous apporte.
- Vous aussi, rendez-vous digne de gratitude en accomplissant consciemment des actes de bonté. Cela permet, d'une part, d'augmenter l'estime de soi, d'autre part, de créer encore plus de lien social.
- Pratiquer la communication non violente® permet d'établir un échange constructif basé sur l'empathie, la bienveillance et l'absence de jugement : rien de mieux pour propager l'optimisme autour de vous !

Notes personnelles

BIBLIOGRAPHIE

ACHOR, Shawn, *Comment devenir un optimiste contagieux*, Belfond, 2012.

ANDRÉ Christophe, *Méditer jour après jour*, L'Iconoclaste, 2011.

ANDRÉ Christophe, *3 minutes à méditer*, L'Iconoclaste et France Culture, 2017.

BRACONNIER, Alain, *Optimiste*, Odile Jacob, 2013.

DENY, Madeleine, PIGACHE, Anne-Cécile, *Le Grand Guide des pédagogies alternatives*, Eyrolles, 2017.

EKERT, Brigitte, *La Pédagogie Montessori*, Eyrolles, 2017.

FILLIOZAT, Isabelle, *Au cœur des émotions de l'enfant*, Marabout, 2006.

FILLIOZAT, Isabelle, *J'ai tout essayé !*, JC Lattès, 2011.

FREDRICKSON, Barbara, *Positivity: Top-Notch Research Reveals the Upward Spiral That Will Change Your Life*, Paperback, 2009.

GUEGUEN, Catherine, *Pour une enfance heureuse. Repenser l'éducation à la lumière des dernières découvertes sur le cerveau*, Robert Laffont, 2014.

GOLEMAN, Daniel, *L'Intelligence émotionnelle*, Robert Laffont, 2006.

LECOMTE, Jacques, *La Bonté humaine*, Odile Jacob, 2014.

LYUBOMIRSKY, Sonja, *Comment être heureux et le rester*, Flammarion, 2008.

McDONALD, Lucy, *Apprendre à être optimiste (pour gérer notre stress et préserver notre santé)*, Le Courrier du Livre, 2005.

RICARD, Matthieu, *Plaidoyer pour l'altruisme*, NiL, 2013.

RODET, Philippe, *Le Bonheur sans ordonnance*, Eyrolles, 2014.

Rosenberg, Marshall B., *Dénouer les conflits par la Communication Non Violente, Entretiens avec Gabriele Seils*, Jouvence, 2006.

Rosenberg, Marshall B., *Les Mots sont des fenêtres (ou bien ce sont des murs)*, La Découverte, 2016.

Seligman, Martin, *S'épanouir. Pour un nouvel art du bonheur et du bien-être*, Belfond, 2013.

Servan-Schreiber, David, *Guérir*, Robert Laffont, 2005.

Servan-Schreiber, Florence, *3 kifs par jour*, Marabout, 2011.

INDEX

S

Dans la même collection

EYROLLES PRATIQUE
Laurence Dujardin
HO'OPONOPONO
Une méthode SIMPLE ET EFFICACE
pour SE LIBÉRER du poids de sa mémoire
Jeu de cartes détachable offert
EYROLLES

EYROLLES PRATIQUE
Docteur Mireille Meyer
L'HYPNOSE
Découvrir L'HISTOIRE, LES MÉCANISMES
et LES BIENFAITS du processus hypnotique
EYROLLES

EYROLLES PRATIQUE
Catherine Cudicio
LA PNL
une méthode de psychologie appliquée
pour s'exprimer avec authenticité
et COMMUNIQUER AUTREMENT
EYROLLES

EYROLLES PRATIQUE
Alain Cardon • Vincent Lenhardt • Pierre Nicolas
L'ANALYSE TRANSACTIONNELLE
Apprenez à vous CONNAÎTRE
pour mieux vous POSITIONNER
dans vos relations
EYROLLES

EYROLLES PRATIQUE
Didier Hauvette
Avec la collaboration de Christie Vanbremeersch
VIVRE AVEC SES
ÉMOTIONS
ET CELLES DES AUTRES
UN GUIDE COMPLET
pour les identifier, les apprivoiser et les aimer
EYROLLES

EYROLLES PRATIQUE
Jacques Regard
STOP
À LA MANIPULATION
Une méthode inédite
POUR NE PLUS VOUS LAISSER FAIRE,
et DÉJOUER LES PIÈGES des manipulateurs
DÉFENSE D'ENTRER
EYROLLES

EYROLLES PRATIQUE
Sarah Famery
AVOIR CONFIANCE EN SOI
Une approche positive pour SE DÉCONDITIONNER
et renouer avec SON AUTHENTICITÉ
impossible
EYROLLES

EYROLLES PRATIQUE
Sarah Famery
VIVRE SANS CULPABILISER
ACCUEILLIR SA CULPABILITÉ
pour MIEUX S'EN LIBÉRER
EYROLLES

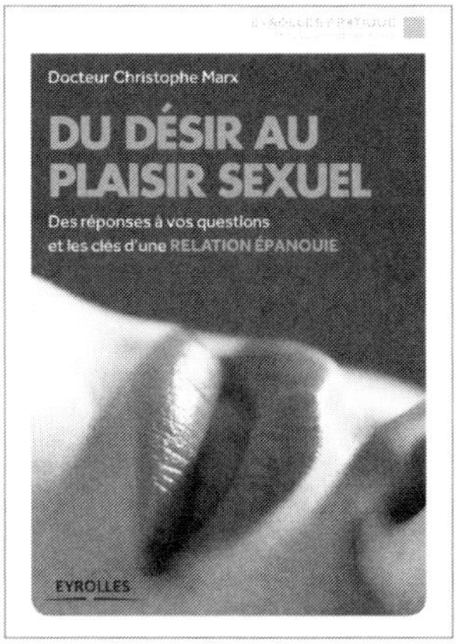
EYROLLES PRATIQUE
Docteur Christophe Marx
DU DÉSIR AU PLAISIR SEXUEL
Des réponses à vos questions
et les clés d'une RELATION ÉPANOUIE
EYROLLES

EYROLLES PRATIQUE
Hélène Roubeix
SORTIR DE LA DÉPENDANCE AMOUREUSE
Pour aimer LIBREMENT
et être HEUREUX en amour
EYROLLES

EYROLLES PRATIQUE
Christophe Carré
SORTIR DES CONFLITS
Le conflit, c'est la vie ! Découvrez comment
COMMUNIQUER SANS VIOLENCE
et grandir dans le conflit.
EYROLLES

EYROLLES PRATIQUE
Sarah Famery
SE LIBÉRER DE SES BLOCAGES
Une méthode complète pour QUITTER SES PEURS,
S'ÉPANOUIR et SE RÉALISER
EYROLLES

Achevé d'imprimer par Normandie Roto Impression s.a.s.
sur papier offset Premium 80g
N° d'imprimeur : 1705598
Dépôt légal : janvier 2018

Imprimé en France